MOGELIJKHEDEN HERKENNEN OM UW CASHFLOW TE VERHOGEN.

MOGELIJKHEDEN HERKENNEN OM UW CASHFLOW TE VERHOGEN

Door: D.K. Hawkins
Versie 1.1 ~november 2022
Gepubliceerd door D.K. Hawkins bij KDP
Copyright ©2022 door D.K. Hawkins. Alle rechten voorbehouden.

Niets uit deze uitgave mag worden verveelvoudigd, verspreid of overgedragen in enige vorm of op enige wijze, waaronder fotokopieën, opnamen of andere elektronische of mechanische methoden of via enig informatieopslag- of gegevenszoeksysteem zonder voorafgaande schriftelijke toestemming van de uitgevers, behalve in het geval van zeer korte citaten in kritische recensies en bepaald ander niet-commercieel gebruik dat door de auteurswet is toegestaan.

Alle rechten voorbehouden, inclusief het recht op gehele of gedeeltelijke reproductie in welke vorm dan ook.

Alle informatie in dit boek is zorgvuldig onderzocht en gecontroleerd op feitelijke juistheid. De auteur en uitgever geven echter geen garantie, expliciet of impliciet, dat de informatie in dit boek geschikt is voor elk individu, situatie of doel en aanvaarden geen verantwoordelijkheid voor fouten of weglatingen.

De lezer aanvaardt het risico en de volledige verantwoordelijkheid voor alle handelingen. De auteur is niet verantwoordelijk voor enig verlies of schade, hetzij gevolgschade, incidenteel, speciaal of anderszins, die kan voortvloeien uit de informatie in dit boek.

Alle afbeeldingen zijn vrij te gebruiken of gekocht van stockfotosites of vrij van royalty's voor commercieel gebruik. Ik heb me voor dit boek gebaseerd op mijn eigen waarnemingen en op vele verschillende bronnen, en ik heb mijn best gedaan om de feiten te controleren en de eer te geven waar die toekomt. In het geval dat materiaal is gebruikt zonder de juiste toestemming, neem dan contact met mij op zodat de vergissing kan worden gecorrigeerd.

De informatie in dit boek dient uitsluitend ter informatie en is niet bedoeld als bron van advies of kredietanalyse met betrekking tot het gepresenteerde materiaal. De informatie en/of documenten in dit boek vormen geen juridisch of financieel advies en mogen nooit worden gebruikt zonder eerst een financiële professional te raadplegen om te bepalen wat het beste is voor uw individuele behoeften.

De uitgever en de auteur geven geen enkele garantie of andere belofte met betrekking tot de resultaten die kunnen worden verkregen door het gebruik van de inhoud van dit boek. U mag nooit een investeringsbeslissing nemen zonder eerst uw eigen financieel adviseur te raadplegen en uw eigen onderzoek en due diligence uit te voeren. Voor zover wettelijk toegestaan wijzen de uitgever en de auteur alle aansprakelijkheid af in het geval dat informatie, commentaar, analyse, meningen, adviezen en/of aanbevelingen in dit boek onnauwkeurig, onvolledig of onbetrouwbaar blijken te zijn of resulteren in beleggings- of andere verliezen.

De inhoud van dit boek is niet bedoeld als en vormt geen juridisch advies of beleggingsadvies, en er wordt geen advocaat-cliënt relatie gevormd. De uitgever en de auteur verstrekken dit boek en de inhoud ervan op een "as is" basis. Uw gebruik van de informatie in dit boek is op eigen risico.

INHOUDSOPGAVE.

INHOUDSOPGAVE. 4

INLEIDING. 6

HOOFDSTUK 1: WAT UW CASHFLOW INHOUDT. 9

HOOFDSTUK 2: CASHFLOW IS EEN ESSENTIEEL ONDERDEEL VAN HET VERDIENEN, BEHEREN EN BELEGGEN VAN GELD. 15

HOOFDSTUK 3: TE BEANTWOORDEN VRAGEN OM VOLDOENDE CASHFLOW TE BEPALEN. 28

HOOFDSTUK 4: SNELLE MANIEREN OM DE CASHFLOW TE VERHOGEN. 32

    1. Affiliate marketing. 32

    2. Investeren in onroerend goed. 35

    3. Asset-Based Lender. 38

    4. Lidmaatschap website. 42

    5. Coaching verkopen. 46

    6. Netwerken via betaalde enquêtes. 49

    7. Amazon inkomsten. 52

    8. Dropshipping Seizoensproducten. 55

    9. Forex Handel. 60

    10. Groene training. 62

    11. Outsourcing. 65

    12. Gesponsorde blogberichten schrijven. 68

    13. Online Coachingsprogramma. 71

14. Online marketing. 73

HOOFDSTUK 5: HOE JE $5.000 PER UUR KUNT VERDIENEN EN JE CASHFLOW KUNT VERGROTEN. 77

HOOFDSTUK 6: NEGATIEVE CASHFLOW OMZETTEN IN POSITIEVE CASHFLOW. 86

HOOFDSTUK 7: RESOLUTIES OM UW CASHFLOW ONMIDDELLIJK TE VERBETEREN. 90

HOOFDSTUK 8: HET VERMIJDEN VAN VEELGEMAAKTE FOUTEN BIJ HET BEHEER VAN DE KASSTROOM. 101

CONCLUSIE. 108

INLEIDING.

Uw cashflow is de verhouding tussen inkomende inkomsten en uitgaande uitgaven gedurende een bepaalde periode. Het is gebruikelijk om uw cashflow elke maand te berekenen, aangezien de meeste terugkerende uitgaven maandelijks plaatsvinden. Inzicht in uw cashflow is onmisbaar voor uw financiële gezondheid.

Om uw cashflow te bepalen, vergelijkt u uw gewone kasinstroom (inkomsten) met uw gewone kasuitstroom (uitgaven). Het is essentieel om alleen rekening te houden met uw vaste inkomsten en kosten, want het "scheeftrekken" van de cijfers door eenmalige inkomsten of uitgaven op te nemen staat gelijk aan uzelf bedriegen.

De belangrijkste bron van inkomsten voor de meeste mensen is hun werk. Maar ook als u regelmatig inkomsten uit andere bronnen ontvangt, zoals lijfrenten, huur of overheidsuitkeringen, moeten die worden meegenomen.

Uw uitgaven omvatten uw eerste levensbehoeften, zoals huisvesting, vervoer en nutsvoorzieningen, en uw regelmatige discretionaire uitgaven. Dit zijn terugkerende uitgaven, maar ze kunnen geheel vrijwillig zijn als u elke week met uw gezin uit eten gaat.

Om een schatting van uw toestand te krijgen, trekt u gewoon uw maandelijkse uitstroom af van uw maandelijkse geldinstroom. Uw cashflow zal negatief zijn als u meer uitgeeft dan u verdient. Dit leidt tot schulden, tenzij u uw uitgaven beperkt. U hebt een positieve cashflow als u meer verdient dan u uitgeeft. Hoe groter uw inkomsten zijn in verhouding tot uw uitgaven, hoe groter uw financiële stabiliteit.

Hoewel het een basisproces is, nemen de meeste mensen zelden de tijd om hun financiën op te schrijven. Zelfs als u een rudimentair begrip hebt van uw financiële status, kan deze aanpak heel nuttig zijn. Het zien van de cijfers op papier kan u ervan overtuigen om uw uitgaven te verminderen of een strategie aan te nemen om uw overtollige inkomsten te investeren.

Op deze manier naar uw financiën kijken is een vrij eenvoudige procedure. U moet uw cashflow goed in de gaten houden en zowel stijgingen als dalingen van uitgaven en inkomsten in de gaten houden, ongeacht uw financiële situatie. Dit boek biedt een meer diepgaande analyse van uw financiële status en strategische manieren om elke gelegenheid tot verhoging van uw cashflow te herkennen.

Laten we beginnen.

HOOFDSTUK 1: WAT UW CASHFLOW INHOUDT.

Ongeacht het perspectief, als u uw rijkdom wilt vergroten, moet u uw cashflow verbeteren. Maar hoe kun je dit bereiken als je een baan, een gezin en vele andere verantwoordelijkheden hebt?

Ik erken de moeilijkheid, maar hoe je het ook bekijkt, je moet je cashflow verbeteren. Voor de meerderheid van de wereldbevolking is een baan de belangrijkste bron van inkomsten:

Je cashflow neemt toe met de tijd, maar je uitgaven ook. Deze hele schuld is niet fiscaal aftrekbaar! Meestal gaat het om zaken als een groter huis voor het gezin, een betere auto, misschien een paar vakanties, en een vrachtwagenlading huisraad van de plaatselijke winkelier.

Ook al is uw cashflow met 100% toegenomen, u bouwt geen rijkdom op als u uw inkomen laat groeien van $50.000 naar $100.000 per jaar. U hebt uzelf opgesloten in uw bestaande bron van inkomsten, die voor de meeste mensen hun werk is.

U hebt het uzelf onmogelijk gemaakt uw baan op te zeggen, omdat dit een aanzienlijke aanpassing van uw levensstijl zou vereisen. U zit dus effectief in de loopband van uw levensstijl.

Als je eenmaal een groter huis of een betere auto hebt ervaren, zul je nooit genoegen nemen met een stap terug. U bent al heel lang toegewijd aan uw baan. Als je je baan leuk vindt, is dat geweldig. Maar als je dat niet doet, is het niet prettig.

Het idee is om een tweede inkomen te genereren terwijl je blijft werken. Stel je voor dat je binnen een jaar hetzelfde bedrag kunt verdienen uit een andere bron. Ik heb het niet over onroerend goed of aandelen.

Om uw inkomen met beide te vervangen is tijd en inspanning nodig; de meeste mensen hebben geen substantieel geld om te beginnen. Internet is ideaal om uw inkomen te vervangen zonder dat u uw baan hoeft op te zeggen.

Door een gebrek aan computerkennis hebben de meeste babyboomers deze goudmijn volledig gemist. Het goede nieuws is dat je geen computernerd hoeft te zijn! Het internet is noch een "blip" op het radarscherm, noch een "rage" die zal verdwijnen. Er zijn wereldwijd meer dan 950 miljoen internetgebruikers, en kleine bedrijven die het internet gebruiken hebben zich veel sneller ontwikkeld dan bedrijven die dat niet deden.

Klanten hebben geen voorkeur voor een grote of kleine organisatie met een website, en mensen met liquide middelen zullen eerder online winkelen. Het World Wide Web is ongetwijfeld enorm en zal zich dagelijks blijven uitbreiden!

Bovendien is de cashflow van vitaal belang voor het voortbestaan van een bedrijf. Zonder cashflow zou geen enkel bedrijf bestaan. Hier zijn vier technieken om uw cashflow onmiddellijk te verbeteren.

Bepaal waar je staat en wat je nodig hebt. Een van de slechtste methoden om inkomen te creëren is door willekeurig te denken. Als u de tijd neemt om uw cijfers te kraken (u kunt dit op papier doen of online in een spreadsheet), zult u een duidelijker begrip hebben van waar uw geld vandaan komt en weggaat.

Er is hier geen ruimte voor speculatie. Beschouw uw spreadsheet als een kaart. Het zal u helpen te bepalen waar u bent en waar u naartoe moet of, in dit voorbeeld, hoeveel geld u nog moet verdienen.

Onderzoek de diensten die u uw klanten al aanbiedt en kijk waar u die kunt uitbreiden. Overweeg om een VIP-dag of een halve dag in je aanbod op te nemen en de prijs dienovereenkomstig te bepalen. Klanten zullen betalen voor jouw uren van onverdeelde, geconcentreerde aandacht terwijl je met hen brainstormt over hun bedrijf of vakgebied.

Bied bestaande klanten waarvan u denkt dat ze kunnen profiteren van een hele of halve dag van uw onverdeelde aandacht een upgrade aan. Deze dagen kunnen persoonlijk of elektronisch worden aangeboden, via telefoon of internetvideostreaming. Start dit proces door contact op te nemen met eerdere klanten met uw nieuwe VIP-dag aanbod. Vergeet ook niet je nieuwe producten aan je lijst te verkopen!

Weet je dat de meeste mensen liever meer klanten werven en hun werkdruk verhogen dan hun prijzen te verhogen? Het is een feit. Als dit u beschrijft, bedenk dan waarom u uw prijzen niet verhoogt en welke overtuigingen u daarbij te binnen schieten.

Vraag jezelf dan af waarom je er zo over denkt en je tarieven toch verhoogt. Ik ben oprecht. U bent de enige die u ervan weerhoudt meer geld te verdienen. Wie meer verwacht, krijgt meer. Maar u krijgt het niet tenzij u uw tarieven verhoogt en erom vraagt.

Word je bewust van de mogelijkheden om je huidige geldstroom te verhogen. Het kan een spreekbeurt zijn. Het kan een samenwerking zijn met een collega. Het kan een coaching gelegenheid zijn die je aanspoort om zichtbaarder te worden.

Het kan een mogelijkheid tot sponsoring zijn. Hier kun je angst moeten ervaren en toch doorgaan. Als je blijft waar je bent, blijf je waar je bent. Je zult ja moeten zeggen en gebruik moeten maken van mogelijkheden om jezelf vooruit te helpen en je inkomen te verbeteren.

Angst en beperkende overtuigingen mogen uw vermogen om uw inkomen te verbeteren niet dicteren. Er is vrijheid en kracht in het ondernemen van wat men voor onmogelijk houdt. Door zelfs maar één van de bovenstaande suggesties uit te voeren, kunt u uw persoonlijke en professionele inkomensstroom stimuleren.

HOOFDSTUK 2: CASHFLOW IS EEN ESSENTIEEL ONDERDEEL VAN HET VERDIENEN, BEHEREN EN BELEGGEN VAN GELD.

Om in de toekomst financieel veilig te zijn, moet u zich bewust zijn van drie essentiële, afzonderlijke aspecten van geldbeheer. De voor de hand liggende waar de meeste mensen zich op concentreren is "geld krijgen". Dit element krijgt vaak 90 procent van ieders aandacht. Een hoge opleiding krijgen, een goedbetaalde baan, en een salaris ontvangen zijn allemaal haalbaar.

De kunst van het beheersen van vermogensvorming is echt efficiënt te worden met niet alleen geld verdienen, maar ook begrijpen dat dit ene onderdeel nutteloos is in je streven naar financiële onafhankelijkheid, tenzij je de vaardigheden van de andere twee beheerst: Het beheer en het goed investeren van het geld om een echte geldstroom te creëren die u daadwerkelijk naar de bank kunt brengen en mee naar huis kunt nemen.

Het is essentieel de laatste twee grondiger te begrijpen dan de eerste. Zelfs iemand met een bescheiden inkomen kan mettertijd een fortuin van een miljoen dollar vergaren als hij zijn geld goed beheert en belegt en cashflow genereert.

Cashflow is de belangrijkste factor bij het begrijpen van vermogensgroei. Onlangs werd een studie openbaar gemaakt over hoe een vrouw de universiteit die zij in de jaren veertig bezocht verliet nadat zij miljoenen dollars had ontvangen.

Ze werkte het grootste deel van haar leven als secretaresse of receptioniste. Hoe heeft ze zoveel geld achtergelaten? Ze leefde binnen haar mogelijkheden, beheerde haar financiën slim, investeerde voorzichtig en vergaarde miljoenen dollars. Met de groei van de inflatie en de devaluatie van de Amerikaanse dollar wordt dit vaak minder.

Ik heb mensen met een jaarinkomen van zes cijfers hun leven zien vergooien door te veel uit te geven en te worstelen met hun pensioen. Anderen die half zoveel verdienen als hun collega's genieten van een weelderige levensstijl nadat ze hun geld gedurende hun hele carrière effectief hebben beheerd en gespaard.

Wat u verdient wordt over het algemeen bepaald door uw werkelijke verdiencapaciteit, hoeveel u en uw werkgever of bedrijf denken dat u waard bent op de markt, hoeveel u kunt verdienen met uw vak of handel, of hoeveel nettowinst uw organisatie genereert.

De gemakkelijkste manier om dit te berekenen is uw belastingaangiften van de afgelopen jaren te bekijken en de hoogste te kiezen. Wanneer u probeert uw inkomstenpotentieel te verhogen, zijn er meestal enkele opties te overwegen. De meest voorkomende:

- Werk andere uren per week, maak overuren, of krijg een tweede baan.

- De mogelijkheid verwerven om dezelfde hoeveelheid werk in minder tijd te doen. Of meer werk doen in dezelfde hoeveelheid tijd.

- Terug naar school gaan om je studie te verbeteren, een nieuwe vaardigheid te verwerven of je opleiding bij te werken.

- Verhuizen naar een plek die meer betaalt voor de vaardigheden die u al bezit of een beter betaalde functie aanvaarden.

De tweede component, het eigenlijke beheer van uw geld, wordt beïnvloed door de hoeveelheid geld die u elke week genereert en uw cashflow. Ten eerste moet u voldoende geld verdienen om in uw levensonderhoud te voorzien en wat over te houden na het betalen van uw rekeningen. Hoe groter het bedrag dat overblijft na het betalen van uw rekeningen, hoe groter de kans dat u voldoende cashflow hebt om te investeren.

Als u uw huidige levensstandaard handhaaft en uw rekeningen kunt betalen, zou u meer geld moeten hebben. Om te investeren kunt u geld "vinden" of "maken". Dit andere inkomen of de cashflow is het bedrag dat u moet sparen of investeren om een andere cashflow te genereren. Het maken van een master budget van uw uitgaven na een voorzichtig beheer van uw financiën zal u helpen uw cash flow te visualiseren.

Hieronder volgen enkele van de voornaamste plaatsen waar u geld kunt "ontdekken" om in de toekomst te investeren:

Betaal uw creditcard schulden onmiddellijk af, te beginnen met de grootste saldi. Stop met het steunen van creditcardmaatschappijen en banken die azen op normale Amerikanen, en begin te investeren in uw financiële onafhankelijkheid.

Stop vervolgens met het doen van aankopen op krediet; schaf uw creditcards af en koop alleen wat u zich kunt veroorloven met het geld dat u hebt verdiend met uw cashflow. Stop met het gebruik van creditcards!

Als u sigaretten rookt, alcohol drinkt, of deelneemt aan enige vorm van gokken, bingo of loterij, enz. - Stop! Deze zijn schadelijk voor uw gezondheid en financiële toekomst. Een doos sigaretten kost bijvoorbeeld ongeveer 80 dollar.

Als u slechts één pakje sigaretten per week rookt, verspilt u ongeveer 4.000 dollar per jaar aan deze ene vreselijke gewoonte. Een leven lang roken gedurende 30 jaar kost u meer dan 320.000 dollar, om nog maar te zwijgen van de gezondheidskosten. Stop, zodat u kunt investeren in uw toekomst en kunt genieten van een betere en lucratievere levensstijl.

Stop met het nuttigen van maaltijden uit restaurants en fastfoodketens. Als je het te druk hebt om maaltijden vooraf te bereiden, dan heb je het te druk. Als al het andere faalt, ga dan naar een warenhuisclub zoals Sam's Club en koop diepvriesmaaltijden of onderzoek alternatieven om elke avondmaaltijd $20 tot $30 uit te geven.

Hoewel dit misschien absurd klinkt, is het toch minder duur dan uit eten gaan. Voor elke fastfoodmaaltijd die buitenshuis wordt genuttigd, tel je 8 dollar op bij de kosten van de maaltijd. Vijf dagen per week, vijftig weken per jaar, zou neerkomen op $2000,00. Reken maar uit. Tel daar $8 tot $20 bij op voor elk etentje, afhankelijk van waar je eet. In een jaar tijd is dat duizenden dollars.

Bedenk of u maandelijks auto's betaalt voor een voertuig dat eigendom is van de bank. Als u least, bezit u niets. Hier is een handige richtlijn: Leg voldoende geld vast, zodat uw maandelijkse betalingen niet meer dan 5% van uw maandelijkse netto-inkomen bedragen. Als uw huishouden twee auto's nodig heeft, moet u een gebruikt tweede voertuig kopen.

Betaal met contant geld voor het tweede item. Mijn meest recente auto was een hoogwaardig tweedehands voertuig in uitstekende staat, maar met meer kilometers. Het kostte me $ 4.000 in contanten, en ik reed er 38 maanden mee. Het kostte me ongeveer 105,26 dollar per maand voor elke maand dat ik het bezat. Dit is ongeveer een derde van de kosten van de financiering van een nieuwe auto.

Als u naar de film gaat, naar sportevenementen kijkt, dure vakanties neemt, trendy kapsels krijgt en dure kleding koopt - bezuinig dan een paar jaar en investeer in plaats van onmiddellijke voldoening na te streven.

Ik denk dat je nu het concept begrijpt. Door uw inkomen te optimaliseren en geld vrij te maken, genereert u cashflow en kunt u investeren in uw financiële toekomst.

Evalueer of u "extra's" zoals kabel, mobiele telefoons, huisdieren, autokosten, entertainment en niet-essentiële reizen kunt elimineren totdat uw schuld uw maandelijkse uitgaven niet langer domineert.

Hoe ijveriger u hieraan werkt, hoe sneller u een punt bereikt waarop uw schuld uw leven niet langer draineert en u voldoende geldreserves hebt om noodsituaties minder stressvol te maken.

Uw doel zou moeten zijn om tussen $100.000 en $250.000 te verdienen om een voldoende cashflow van 10 tot 30 procent van uw inkomen te genereren. Zolang u een bescheiden levensstijl aanhoudt, zou het weinig moeite moeten kosten om geld weg te zetten voor investeringen en een solide portefeuille op te bouwen die vrijwel zeker zal leiden tot financiële onafhankelijkheid.

Zelfs als u zich de maandelijkse aflossing kunt veroorloven, zult u nooit miljonair worden als u zo leeft. Een bescheiden levensstijl handhaven en miljonair worden is te verkiezen boven proberen de buren bij te houden (en waarschijnlijker proberen hen te overtreffen).

Zodra u uw cashflow hebt verhoogd met meer dan 30% van uw inkomsten, bent u nu in een uitstekende positie om een investeringsstrategie te kiezen. Er zijn drie primaire investeringstypes: Sparen, Obligaties, beleggen in aandelen op één gebied, en beleggen in onroerend goed en een bedrijf oprichten zou de derde zijn.

Investeren in een bedrijf kan het grootste rendement opleveren. Spaarrekeningen, obligaties en aandelen bieden doorgaans het laagste rendement. Na verloop van tijd zult u waarschijnlijk tussen de één en zeven procent genereren. In het huidige economische klimaat levert onroerend goed meer winst op, variërend van twaalf tot vijftig procent op termijn.

Geld en inkomsten kunnen voor een bedrijf een rendement opleveren van honderden tot duizenden procenten. Zelfstandigheid en netwerk marketing komen hier om de hoek kijken. Je moet je verbinden met deze DRIE BELANGRIJKE ELEMENTEN, wat je ook doet, of het nu gaat om zelfstandig ondernemerschap, netwerkmarketing, het starten van een bedrijf of directe verkoop:

Je moet een passie hebben voor wat je doet, in staat zijn je enthousiasme ervoor te behouden en je er voor langere tijd aan wijden.

Om een leider op uw gebied te worden, moet u een hoog niveau van ervaring bereiken op het gebied van uw keuze.

U moet aan de markt leveren wat uw cliënt of klant echt wil.

Onthoud dat hoe groter de mogelijke beloning in elke onderneming is, hoe groter uw risico zal zijn. Investeer nooit meer dan u zich kunt veroorloven te verliezen in één onderneming.

Het ontwikkelen van een hoog niveau van vaardigheid in een onderwerp waarvoor u gepassioneerd bent, is de sleutel tot het behalen van een uitstekend rendement op uw investeringen. Net als bij andere methoden om geld te verdienen, wordt u meer gecompenseerd als u een betere vaardigheid en talent inbrengt in wat u verkoopt, op de markt brengt of aanbiedt aan een consument of potentiële zakenpartner.

Neem de tijd om uw due diligence en onderzoek uit te voeren om vast te stellen welke van deze voertuigen voor u het meest geschikt zijn en om de mogelijkheden te identificeren waarin u in de toekomst zult begrijpen en graag zult deelnemen.

Door activa te selecteren die u begrijpt en waarvan u houdt, zult u aanzienlijk hogere rendementen behalen, minder risico lopen en minder verliezen lijden dan wanneer u alleen maar zoekt naar mogelijkheden met het hoogste rendement.

Naarmate het rendementspotentieel groeit, neemt ook het gevaar toe. Om het risico van zakendoen in het huidige economische klimaat te verminderen, zal het uitbreiden van uw kennis uw kans op financieel succes vergroten.

Als u niet echt en oprecht geïnteresseerd bent in het vooruitzicht buiten het potentiële rendement, zal uw waarschijnlijkheid om het essentiële onderzoek en de due diligence uit te voeren waarschijnlijk laag blijven, falen.

Waar uw cashflow momenteel is, is waar u moet beginnen. Door de noodzaak te erkennen om uw cashflow te verbeteren en onmiddellijk te beginnen, verbetert u uw kansen op succes in elk van de drie gebieden van het stimuleren van de cashflow.

Er zijn geen alternatieve routes. U moet uw financiële situatie zo goed mogelijk leren kennen, betere gewoonten creëren en meer tijd en energie besteden aan het beheren en investeren van uw geld om uw financiën vandaag te verbeteren en uw toekomstige onafhankelijkheid te vergroten.

HOOFDSTUK 3: TE BEANTWOORDEN VRAGEN OM VOLDOENDE CASHFLOW TE BEPALEN.

Uw cashflow is de financiële energie die uw levenspeil, de aankoop van goederen en diensten, de opleiding van uw kinderen, uw pensioenplanning, uw behoefte en wens om voor anderen te zorgen en uw algemene financiële zekerheid ondersteunt.

Om een voldoende kasstroom te behouden, moet u een voorzichtige planning maken door langetermijndoelstellingen vast te stellen en de doelen die tot hun verwezenlijking zullen leiden. De toereikendheid van uw cashflow wordt dan bepaald door de middelen die nodig zijn om deze doelen uit te voeren en uw langetermijndoelstellingen te bereiken.

In het besef dat doelstellingen stapstenen zijn naar langetermijndoelstellingen, worden uw kansen op een succesvolle strategie aanzienlijk vergroot als u duidelijke antwoorden geeft op deze vijf vragen.

1. Waar ben ik nu?

Uw bestaande situatie moet worden geëvalueerd, waarbij de bron, het bedrag en de duur van uw huidige inkomen moeten worden vastgesteld.

Heeft u ook maandelijks spaargeld na het betalen van uw rekeningen?

Staan uw maandelijkse financiën in het rood?

Welke inkomensgenererende activa bezit u die bijdragen aan uw maandelijks besteedbaar inkomen?

Het grondig en zorgvuldig beantwoorden van de vraag "Waar sta ik?" is een goede realiteitscontrole.

2. Waar wil ik naartoe?

Een doel stellen geeft je acties en gedragingen een gevoel van doel, bestemming en hoeveelheid of intensiteit. Leg ook de redenering achter je doel uit. Stel een ambitieus plan op dat je zal helpen en inspireren om echt een verschil te maken in je leven.

Bijvoorbeeld, verdubbel uw salaris, creëer een alternatieve bescheiden inkomstenstroom van $5.000 of meer per maand, start een bedrijf dat u 10 uur per week kunt runnen, of behaal een geavanceerde graad of certificering.

3. Wanneer wil ik aankomen?

Uitstelgedrag leidt tot onbeheersbare angst, een belangrijk en vaak verwaarloosd gevolg van het ontbreken van een deadline. Schat altijd een tijdsbestek voor succes in; anders zal dit streven vaak helemaal onderaan uw prioriteitenlijstje belanden. Intervallen van drie tot vijf jaar zijn praktisch voor langetermijndoelstellingen.

4. Hoe kom ik daar?

Bepaal uw middelen en uitgavenpatroon. Het berekenen van uw overtollige middelen aan het einde van de maand en bepalen of uw huidige bron van inkomsten u zal voortzetten en onderhouden tijdens uw periode van concentratieactiviteit is een eenvoudige methode.

5. Wat moet ik hebben om op tijd te komen?

U kunt zich laten certificeren, schulden herstructureren of verminderen, verhuizen, een lening afsluiten of nieuwe relaties aangaan. Dit is ook het moment om te overwegen een mentor aan te trekken voor ervaren begeleiding, een onpartijdig perspectief en verantwoording.

Bij het aanpakken van deze taken verschuift uw aandacht naar het bepalen van de meest efficiënte manier om succes te boeken binnen het opgegeven tijdsbestek. U hebt nu de gelegenheid om een geloofwaardig plan te ontwikkelen en steun te verwerven van anderen om u heen.

HOOFDSTUK 4: SNELLE MANIEREN OM DE CASHFLOW TE VERHOGEN.

1. Affiliate marketing.

Veel mensen vullen hun salaris aan door parttime thuis te werken. Het is een fantastisch idee om vele redenen, waaronder meer flexibele uren, meer onafhankelijkheid en eindeloze inkomstenmogelijkheden.

Stel dat u overweegt u aan te sluiten bij miljoenen andere succesvolle zelfstandigen door het ontwikkelen van uw Multi-Level Marketing bedrijf. In dat geval heb je een aantal affiliate marketing ideeën nodig om je cashflow te verbeteren.

U moet een fundamenteel begrip hebben van affiliate marketing. U genereert internetverkopen door uw website te ontwikkelen en mensen naar de website van een winkelier te leiden, waar een verkoop plaatsvindt.

Het doel is dan voor u om het eerste verkooppraatje te maken op uw website, zodat wanneer klanten de winkel van de handelaar bezoeken, ze al geneigd zijn om een aankoop te doen. In sommige gevallen zal het hen ook een mens geven om mee in contact te komen, vooral wanneer de site van de handelaar grotendeels geautomatiseerd is.

Wanneer u zich aanmeldt als partner van een bepaalde verkoper, zal hij u registreren en tracking software gebruiken om ervoor te zorgen dat u een commissie krijgt op elke verkoop die hij via uw website doet. Dat betekent dat u niet hoeft te investeren in inventaris of producten hoeft op te slaan, noch verantwoordelijk bent voor verpakking of levering.

De volgende keuze zou zijn welke producten te verkopen of met welke retailers samen te werken. Deze optie is alleen gebaseerd op uw smaak; toch is het aan te raden dat u iets kiest wat u vaak gebruikt of waar u een sterke passie voor heeft, omdat dit u meer inzicht zal geven bij het ontwerpen van uw website.

Denk na over de dingen die u waardeert of vaak gebruikt en doe vervolgens uitgebreid onderzoek naar de bedrijven die ze produceren. In uw gekozen markt, zijn er waarschijnlijk veel affiliate mogelijkheden toegankelijk.

U kunt ook leren over affiliate programma's die u kunnen interesseren door het lezen van de vele evaluaties die door vorige en huidige affiliates. Krijgen informatie over hoe lang het bedrijf is in het bedrijfsleven en hoe ze worden gerangschikt in de handel tijdschriften.

U zult willen stoppen en de tijd nemen om handelaren te identificeren met een reputatie voor het eerlijk behandelen van hun partners en het langdurig tevreden houden van hun partners. Wanneer u uw studie begint, hebt u een checklist om te weten wat u wilt van een affiliate programma verbonden aan uw multi-level marketing organisatie.

U moet ook de initiële investering vergelijken voor de dingen die u overweegt te verkopen. U kunt ook geld investeren om geld te verdienen, hoewel het bedrag dat nodig is om te beginnen sterk varieert. Een bedrijf met bescheiden opstartkosten is zinvol voor starters omdat het hen kan helpen de kneepjes van MLM te leren met een minimaal risico.

2. Investeren in onroerend goed.

Het verhogen van uw cashflow door investeringen in onroerend goed is altijd een populair middel geweest om rijkdom te vergaren. Bedenk: zolang mensen woningen blijven kopen, zal het een van de beste technieken blijven om de persoonlijke cashflow te verhogen en rijkdom op te bouwen.

De moeilijkheid is dat als u onroerend goed verkeerd gebruikt, u veel geld kunt verliezen. Laten we een paar methoden onderzoeken voor het elimineren van risico's bij het verhogen van uw inkomstenstroom door middel van investeren in onroerend goed.

Krijg een deskundige mentor.

Degenen die het meest succesvol zijn in het gebruik van onroerend goed investeringen in het verbeteren van persoonlijke cash flow hebben geleerd wat ze weten van iemand anders. ZEER weinig personen die met succes vastgoed exploiteren om de inkomensstroom te vergroten, hebben dat geleerd door de school van de harde klappen. Dit komt omdat een "trial and mistake" opleiding in vastgoedinvesteringen duizenden en duizenden dollars kan kosten in wat Dave Ramsey "domme belasting" noemt.

Daarom moet u een betrouwbare en deskundige mentor vinden om u te begeleiden bij het leren over investeren in onroerend goed en het verhogen van de inkomstenstroom.

Ten tweede, wees u bewust van uw financiële situatie.

Voordat u investeert in onroerend goed om de cashflow te vergroten of uw vermogen te laten groeien, is het essentieel dat u uw persoonlijke zaken op orde heeft. Dit betekent dat uw financiën op orde zijn, dat uw uitgaven minder dan 70% van uw netto-inkomen bedragen en dat u over voldoende kasreserves beschikt om drie maanden uitgaven te dekken. Ook is het raadzaam om consequent 10% van uw salaris weg te zetten voor investeringen.

Zo kunt u zich richten op uw investeringen om uw cashflow te stimuleren zonder dat u zich zorgen hoeft te maken over het al dan niet investeren van uw hypotheekgelden. Zelfs als u ervoor kiest om deze zaken niet op hun plaats te hebben, moet u een HELDERE en SCHRIFTELIJKE momentopname van uw financiële status krijgen voordat u investeert in onroerend goed om uw cashflow te verhogen of rijkdom te ontwikkelen.

Poging tot voorspelling.

Voordat u begint te investeren in huurwoningen of woningen die u met winst wilt verkopen, moet u wat oefenen door de website van de taxateur te bekijken en rond te reizen in uw stad om een idee te krijgen van de beschikbare vooruitzichten. Dit zal u helpen vertrouwen te krijgen voordat u echt geld investeert om uw cashflow te vergroten.

3. Asset-Based Lender.

Welke voordelen biedt een Asset-Based Lender voor uw bedrijf?

In twee woorden: "Current Cash Flow" is essentieel voor het succes van elke organisatie.

"Kasstroom gecreëerd door een investering of bedrijf binnen een bepaalde periode. Dit is de winst voor de rente, belastingen, afschrijvingen en de amortisatie. Aangezien cash de levensader van een bedrijf is, beschouwen veel deskundigen cashflow als de meest essentiële financiële maatstaf. Bedrijven met een aanzienlijke cashflow nemen vaak over omdat overnemende bedrijven inzien dat deze cash kan worden gebruikt om de kosten van de overname te helpen betalen."

In de echte wereld evalueren banken, analisten en andere financiële instellingen de financiële gezondheid van een bedrijf door de cashflow te meten. Een bedrijf kan niet op tijd rekeningen betalen, schulden verminderen of investeren in toekomstige groei zonder de juiste cashflow.

Hoe zal financiering op basis van activa nuttig zijn?

In het licht van de huidige economische onzekerheid kunnen bedrijven opnieuw asset-based leners overwegen als mogelijke bron van werkkapitaal om de cashflow te stimuleren. Historisch gezien verdwijnt deze vorm van financiering nooit, maar nu de economie verslechtert en krediet schaarser wordt, zijn ondernemers veel meer bereid een kleine premie te betalen om toegang te krijgen tot werkkapitaal. Vooral wanneer het alternatief is het werkkapitaal te verminderen. Een tekort aan bedrijfskapitaal leidt tot gemiste kansen en beperkte groei.

Waarom verstrekken banken geen krediet terwijl op activa gebaseerde kredietverstrekkers dat wel doen?

Vorderingen en, in mindere mate, voorraden zijn de activa waartegen asset-based financieringsbedrijven kapitaal voorschieten. Terwijl de banken in crisis verkeren als gevolg van gebrekkige vastgoedleningen en slechte investeringen, blijven asset-based lending organisaties robuust en bereid om bedrijven te helpen bij hun uitbreiding wanneer de economie zich herstelt. Asset-based leners verlenen alleen financiering afhankelijk van het vermogen van kredietwaardige klanten van een bedrijf om facturen binnen de termijnen te betalen.

Vaak zullen banken leningen verstrekken aan kleine en middelgrote ondernemingen als zij onderpand hebben. Zonder nettowaarde, onderpand en cashflow zal een bank geen leningen verstrekken, zeker niet in het huidige economische klimaat. Dat betekent dat ondernemingen elders terecht zullen moeten voor werkfinanciering.

Anderzijds verbeteren niet-traditionele bankmiddelen de cashflow door werkkapitaal te injecteren in elke factuur die een bedrijf genereert.

Het idee is eenvoudig: de verkoop verhogen en de toegang tot liquide middelen verbeteren. Zolang consumenten kredietwaardig zijn en stipt blijven betalen, zullen asset-based kredietverstrekkers uw bedrijf helpen uitbreiden en slagen.

Met de flexibele financiering van een debiteurenkredietlijn kunt u uw facturen gebruiken als onderpand voor snelle toegang tot werkkapitaal.

Voordelen van het gebruik van een Asset-Based Lender:

- Directe toegang tot kapitaal.
- De voortdurende levering van flexibel werkkapitaal om de cashflow te verhogen.
- Maak personele middelen vrij voor productieve bezigheden.
- Investeer meer tijd in de groei van uw bedrijf en minder tijd in het innen van betalingen.
- In tegenstelling tot een traditionele banklening maakt u geen schuld voor uw bedrijf.
- U kunt zoveel financieren als u wilt.

Ervaar de voordelen:

Asset-based lending biedt uw bedrijf eenvoudige, geïndividualiseerde financiering waarmee u uw kansen kunt maximaliseren.

4. Lidmaatschap website.

Als u al een bedrijfsmodel hebt of uw bedrijf wilt beginnen, moet u de mogelijkheid van een lidmaatschapssite overwegen. Ook al hangt het ervan af hoe uw lidmaatschapssite tot stand komt, u kunt gerust zijn in de wetenschap dat het overgrote deel van hun operaties geautomatiseerd is, en dat ze zichzelf bedienen. Dit komt neer op een consistente passieve inkomstenstroom, en deze sites kunnen ook op andere manieren helpen restgeld te genereren.

We zullen nu veel bekende methoden voor het te gelde maken van een ledenwebsite onderzoeken:

1. Vergoedingen voor lidmaatschap en abonnementen.

Als we tijdschriften als voorbeeld nemen, zien we dat zij hun klanten jaarlijkse kosten aanrekenen in ruil voor een maandelijks nummer. Veel tijdschriften hebben nu een systeem van automatische verlenging, wat betekent dat het abonnement automatisch wordt verlengd als het niet wordt opgezegd.

Een abonnementswebsite werkt op dezelfde manier. Als eigenaar van een abonnementenwebsite kunt u een jaarlijks bedrag in rekening brengen en abonnementen automatisch verlengen. Uw kosten kunnen maandelijks, driemaandelijks, halfjaarlijks of jaarlijks worden verlengd. De belangrijkste reden waarom dit zo goed werkt, is dat u een niveau van waarde en service biedt dat effectief garandeert dat mensen hun lidmaatschap zullen behouden.

Gelaagd lidmaatschap kan ook heel populair zijn en werkt door het aanbieden van zilver, goud of platina lidmaatschap. Een zilveren lidmaatschap biedt gewoon het essentiële, maar een gouden lidmaatschap biedt een hogere kwaliteit. Platinum zou duurder zijn, maar er moet ook een uitzonderlijke waarde zijn.

Door een dergelijk systeem aan te nemen, heeft u de mogelijkheid tot upselling.

Een ander abonnementsmodel geeft ook gratis lidmaatschap en werkt over het algemeen op dezelfde manier als het opbouwen van een contactenlijst waarbij u mensen een incentive biedt. Het doel van een gratis lidmaatschap is om de klant een risicoloze blik te gunnen op wat u aanbiedt. Om alle voordelen van uw organisatie te ontvangen, moeten uw leden upgraden naar een betaald lidmaatschap.

2. Andere monetaire mogelijkheden.

Een maandelijks bedrag innen is echter niet uw enige optie. Afhankelijk van uw doelgroep en bedrijfsstrategie kunnen de volgende methoden worden gecombineerd met betaalde of gratis lidmaatschappen. Andere opties zijn:

Mogelijkheden voor partnerschappen en/of affiliate commissies:

De meeste lidmaatschapsmodellen lenen zich voor partnerschaps- en affiliateverkoop. Eén optie is informatiemarketing, waarmee u bepaalde producten kunt promoten in de inhoud van uw website. Deze producten kunnen affiliate producten zijn of door partners gecreëerde producten met inkomstenverdeling. Er zijn ook opties om uw betaalde lidmaatschapssite te promoten op hun website.

Andere inkomsten:

U kunt ook gebruik maken van lidmaatschap sites om uw producten en diensten te promoten. Bijvoorbeeld, een virtuele assistent kan zijn gebruikers elke maand vijf andere uren onderzoek aanbieden en tegelijkertijd alternatieven bieden die de winst kunnen verhogen.

Inkomsten uit reclame:

Ten slotte kan een lidmaatschap website reclame geld te genereren door de verkoop van advertentieruimte aan specifieke bedrijven. Als alternatief kunt u deelnemen aan PPC-achtige regelingen, waarbij advertenties op uw website worden weergegeven en u geld ontvangt wanneer erop wordt geklikt.

Om te bepalen welke monetisatiestrategie het meest relevant is voor uw bedrijf, moet u rekening houden met uw doelstellingen, uw doelgroep en de nichemarkt waarin u geïnteresseerd bent. Deze actie vergroot de kans dat lidmaatschapssites uw inkomen en winstmarge een impuls geven.

5. Coaching verkopen.

Bereid je voor op het genereren van aanzienlijke inkomsten met het eenvoudigste vijfstappenprogramma voor het verkopen van coaching.

Wat als je de stappen ontdekte naar snel geld dat je bankrekening onmiddellijk zou overspoelen?

Ben je geïnteresseerd in het leren van de formule voor het verkopen van online coaching?

Dit deel is bedoeld om u voor te bereiden op het genereren van meer geld door uw bijlessen online te verkopen. Hier zijn vijf eenvoudige stappen die uw verkoop van bijlessen automatisch zullen verhogen.

Stap 1: Bied een terugbetalingsgarantie.

Stap 2: Zorg voor gratis proeven en workshops.

Adverteren op de website is de sleutel tot succes in de derde stap.

Het doel van deze sectie is om stappen te demonstreren voor de marketing van de grootste coaching. Hier zijn instructies die snel en moeiteloos kunnen worden toegepast.

Stap 1: Bied een terugbetalingsgarantie.

U kunt consumenten aantrekken met prikkels zoals een geld-terug-garantie, die de verkoop verhoogt en meer mensen aanmoedigt om zaken met u te doen door het inherente risico van elke aankoop te verminderen.

Deze taak zal het vertrouwen van uw klanten vergroten omdat er niets verloren gaat. Heb vertrouwen in uw capaciteiten, want deze actie zal een aanzienlijk verschil maken voor uw klanten. Geef hen gratis monsters, wat zal helpen bij uw reclame.

Stap twee: gratis proeven en workshops aanbieden.

Houd een seminar waar uw klanten uitgebreide productinformatie krijgen en geef een gratis proefversie van een van uw diensten. Introduceer uw eerste proef gratis, zodat de consumenten eerder geneigd zullen zijn bij u te kopen. Door dit te doen, kunt u mensen overtuigen van de waarde van uw aanbiedingen en hoe ze hun levenskwaliteit kunnen verbeteren. Probeer gebruik te maken van de enorme kracht van website promotie.

Website reclame is de sleutel tot succes in de derde stap.

Het schrijven van artikelen om uw website te promoten is de sleutel tot het rijden van bezoekers. Gebruik de kracht van zoekmachine te optimaliseren om het verkeer naar uw website te verhogen. Via uw website zullen prospects gemakkelijker worden begrepen. Vul uw website ook met alle verwachte informatie. Geef een uitgebreid overzicht van wat u van plan bent hen te geven, inclusief al uw ideeën.

6. Netwerken via betaalde enquêtes.

Sommigen van ons weten het misschien nog niet, maar bent u bekend met netwerken in betaalde enquêtes? Volgens mij is de enige manier om geld te verdienen met betaalde enquêtes het op tijd beantwoorden van enquêtes en deze indienen bij enquêtesites. Na het voltooien van de opdracht bepalen zij hoeveel vragen je in een maand hebt beantwoord en betalen ze je.

Netwerken wordt gedefinieerd als het verwijzen van een maatje of het doorverwijzen van andere mensen naar een organisatie of bedrijf. Bij een succesvolle doorverwijzing wordt u dus beloond met geld of andere prikkels.

Deze enquêtesites beogen een ander soort fundamentele internetmarketing toe te passen; naar verluidt wordt deze methode ook gebruikt bij betaalde enquêtes. U sluit zich aan bij een breder netwerk als u lid wordt van een enquêtesite.

Volgens de definitie van een gesponsorde enquête zijn er drie primaire spelers in deze competitie: de marketingonderzoeksorganisatie, de adverteerders/klanten, en u, de consument/respondent. Meerdere niveaus zijn gewijd aan de netwerkrelaties tussen de drie primaire deelnemers. Maar hoe werkt het netwerken voor de drie hoofdrolspelers van een betaalde enquête?

Ten eerste wordt u, wanneer u zich aansluit bij een enquêtesite, ingedeeld op basis van uw persoonlijke informatieprofielen. Dit houdt in dat u in een groep wordt geplaatst op basis van geslacht, sociale status, leeftijd, opleidingsniveau en/of carrière. Aanvragers van betaalde enquêtes worden doorgaans ondervraagd over hun hobby's, interesses en favoriete voedingsmiddelen.

Ten tweede ondertekenen de klanten/marketingonderzoekbedrijven/adverteerders een contract (of betalen zij de enquêtesite) om hun respondenten links en e-mails met online enquêtes te sturen. Deze enquêtes hebben vooraf bepaalde kwalificaties voor respondenten en worden rechtstreeks naar die personen gestuurd.

Niet elk lid of abonnee van de bovengenoemde enquêtesite ontvangt deze e-mail en koppelingen; u kunt dagelijks een beperkt aantal enquêtekansen ontvangen. Na het invullen van de enquête wordt uw antwoord omgezet in punten, en de punten die u binnen een week of een maand verdient, geven uw inkomen aan.

Kortom, u ontvangt een beperkt aantal enquêtes, wat zich vertaalt in uw geld. Hier neemt de kracht van het netwerken het over; als uw enquêtesite een netwerkprogramma heeft, zullen zij, als u andere personen doorverwijst om zich bij uw enquêtesite aan te sluiten, in uw netwerk worden opgenomen als zij worden geaccepteerd.

Dit betekent dat u geld ontvangt voor elke betaalde enquête die zij invullen. Als uw succesvolle doorverwijzing iemand anders doorverwijst, wordt die persoon automatisch toegevoegd aan uw netwerk en ontvangt u commissies voor elke betaalde enquête die zij invullen. In het algemeen resulteerde dit in een andere mogelijkheid om te verdienen met betaalde enquêtes in plaats van beperkt te zijn tot het beantwoorden van enquêtes.

7. Amazon inkomsten.

Hoewel veel affiliate marketeers zich richten op de verkoop van digitale producten, is het Amazon Associate Program veel groter en mogelijk lucratiever dan de meeste andere affiliate programma's vanwege de vele populaire producten die je kunt promoten.

Om grote inkomsten te verdienen als een Amazon affiliate, moet je de juiste producten identificeren om te promoten en je strategie ontwikkelen om ze te verkopen. Verwacht in het begin weinig inkomsten te genereren, maar het is mogelijk om een bedrijf op te zetten dat zich in de loop van de tijd uitbreidt.

Om het meeste geld te verdienen op Amazon, moet u creatief zijn en voorkomen dat u andere sites in uw branche imiteert. Op uw website kunt u een populair product in uw sector promoten. De realiteit is echter dat een bepaald percentage van uw bezoekers het misschien niet wil kopen omdat ze het al bezitten of iets vergelijkbaars, uiteraard met uitzondering van degenen die actief winkelen.

Om meer mensen te bereiken, is het noodzakelijk om grote producten, zoals camera's, en aangesloten of aanvullende artikelen te verkopen aan degenen die al een camera bezitten. U kunt camera's opnemen, maar moet u ook richten op andere goederen waarin fotografieliefhebbers geïnteresseerd kunnen zijn, zoals boeken, geheugenkaarten, software en lenzen.

Bestudering van de statistieken en rapporten die u van Amazon ontvangt, waaruit blijkt wat mensen kopen, is een slimme methode om te bepalen welke soortgelijke producten u moet nastreven. U zult niet merken dat klanten niet alleen de dingen kopen die direct op de markt worden gebracht, maar ook andere producten.

Het observeren van aankooppatronen kan ook marketingideeën opleveren voor bedrijven in andere categorieën. U kunt nieuwe dingen op Amazon voorverkopen voordat ze officieel beschikbaar zijn, een strategie die slechts weinigen hanteren.

Dit is niet mogelijk voor elk product op Amazon, maar je kunt vaak nieuwe producten promoten en voorverkopen voordat ze worden gepubliceerd voor het publiek. Vergeet niet een Amazonepagina te zoeken voor elk nieuw product dat je promoot. Als er een pagina is, kun je op je website of blog benadrukken dat het product al beschikbaar is voor pre-order op Amazon.

De hooggeprijsde producten die Amazon verkoopt vertegenwoordigen een potentieel voor u om meer geld te verdienen. U kunt niet verwachten dat hooggeprijsde dingen net zo effectief converteren als laaggeprijsde, maar als u een verkoop doet, verdient u aanzienlijk meer. Sommige dure dingen, zoals sieraden, kunnen u commissies van $100 of meer opleveren, dus het kan de moeite waard zijn om ze te onderzoeken.

Hopelijk begrijpt u nu beter de verschillende factoren die uw inkomen als Amazon Associate beïnvloeden. Een van de beste dingen die u vanaf het begin kunt doen is deze onderneming benaderen als een legitieme onderneming. Er zijn zoveel dingen om te doen, maar één daarvan is om elke mogelijke actie dagelijks te doen.

8. Dropshipping Seizoensproducten.

De kerstdrukte is teruggekeerd. Mensen kopen veel artikelen om weg te geven of als cadeau voor hun geliefden. Dit seizoen, heb je het potentieel om extra geld te verdienen. Drop seizoensgebonden verzending goederen zou kunnen zijn een geweldige manier om extra geld te verdienen tijdens het kerstseizoen.

Mensen wereldwijd vieren de feestdagen. Er zijn veel individuen winkelen en kopen voor zichzelf of hun dierbaren. Er zijn feestjes overal waar je kijkt. De lijst omvat bedrijfsgiften, ruilcadeaus, geschenken voor familie en vrienden, en meer. Dit zijn maar een paar van de items die in hoge vraag dit seizoen.

Drop shipping is eenvoudig. U kunt de taak uit te voeren, zelfs met je ogen dicht. Dit is de perfecte tijd om een online drop scheepvaart bedrijf te starten als je niets te doen deze vakantie seizoen.

Je moet op zoek gaan naar groothandel drop shippers van seizoensgebonden producten. Kijk voor aanbieders die goedkope, hoogwaardige producten verkopen. Controleer hun betrouwbaarheid als groothandelaren. Vraag een monster en inspecteren hun kwaliteit als u van plan bent om dingen te kopen in bulk. Als u tevreden bent, kunt u onderhandelen over een koopje voor drop shipping.

Vervolgens moet u een website te creëren om beelden van de producten die u van plan bent te verkopen uploaden. Zorg ervoor dat uw website is aantrekkelijk genoeg om de aandacht van klanten te vangen. Zodra alles op zijn plaats is, reageren op alle e-mails van klanten. Als ze vragen stellen over een bepaald product, ga dan in op al hun vragen.

Wanneer een koper tevreden en geïnteresseerd is in een product, zal hij of zij een aankoop doen. Controleer of de goederen in goede staat zijn aangekomen. Zodra ze hebben betaald, kunt u direct contact opnemen met uw dropshipper en hebben de items verzonden naar het opgegeven adres van de klant.

Dropshipping Het bedrijfsleven van vandaag ervaart een stijging van de winstgevendheid. Veel ondernemers die zijn begonnen met dit type bedrijf zijn nu bloeiende als volwaardige ondernemers en het verdienen van bevredigende inkomens.

Kinderkleding, met name babykleding, is een van de meest gewilde kledingniches voor dropshipping. Gewoonlijk kochten vrouwen babykleding in overmaat.

Dit komt omdat babykleding, met name luiers, vaak moet worden verschoond. De meeste moeders willen graag kleding die een beetje groter is dan de maat van hun baby voor toekomstig gebruik online winkelen voor kleding in hoeveelheid is de meest handige methode. Hierdoor kunnen moeders zowel geld als tijd besparen, omdat ze niet langer naar het winkelcentrum hoeven te gaan en het grootste deel van de dag moeten besteden aan het zoeken naar babykleding.

De meeste dropship winkels gespecialiseerd in deze kleding lijn hebben zich tot groothandel dropshipping. Deze ondernemers blijven doorgaans zaken doen met de fabriekseigenaren die zij eerder hebben gekozen, maar zij verkopen deze keer babykleding in grote hoeveelheden.

Bovendien gaven de fabriekseigenaren de voorkeur aan dit soort zakelijke transacties omdat hun verkoopvolume ook toenam. Aan de andere kant profiteert u van deze regeling omdat u gemakkelijk over het gekochte kunt beschikken. Zo kan uw investering gemakkelijk worden terugverdiend door de winst.

Sommige fabriekseigenaren zouden instemmen met consignatie, vooral als u een van hun meest betrouwbare klanten bent die een aanzienlijke winst genereert. Dit is een uitstekend moment voor u, want uw cash-outs worden beter beheersbaar, en u kunt het geld dat u gespaard heeft gebruiken om uw website te verbeteren en andere promotionele zaken te verspreiden.

Internet-technologie is het verhogen van het bedrijfsleven, met name de dropshipping-industrie. Met behulp van het internet, kan uw kleding bedrijf wereldwijd uit te breiden. Moeders van over de hele wereld komen nu in aanmerking om uw klanten te worden. U kunt converseren met hen alsof je buren.

Het enige probleem is de tijdsdruk, omdat de meeste van uw klanten zich in verschillende tijdzones bevinden. In bepaalde gevallen kan uw cliënt midden in de nacht contact met u opnemen. Zoek gewoon een nachthulp.

Wie moeite verdraagt en omarmt, kan eenvoudig geld verdienen. Het is bevredigend om te beseffen dat je nog steeds vast werk kunt hebben, zelfs als je werkloos bent. U bent niet alleen proberen om uw status te verbeteren, maar ook het helpen van uw land in het verminderen van de werkloosheid.

De drop scheepvaart industrie vereist voortdurende controle van de prijsschommelingen en de vraag naar producten. Het is essentieel om te begrijpen wat er snel verkoopt op concurrerende websites. Dan kunt u het meeste uit wat je hebt.

9. Forex Handel.

Deviezenhandel is toegankelijk voor de typische handelaar op de deviezenmarkt. Een professionele handelaar of makelaar zijn is niet nodig om deel te nemen aan de FX markt. Deze markt is vierentwintig uur per dag beschikbaar en omspant vele markten en landen, zodat u kunt profiteren van wereldwijde economieën en geld.

U kunt leren hoe u succesvol kunt zijn op de forex handelsmarkt met wat onderwijs, vastberadenheid en gezond verstand. Forex swing trading is een soort handel op de markt waarmee u kunt profiteren van een prijsbeweging voordat of nadat deze zich voordoet.

Voordat u de forex markt betreedt, zou u gebruik moeten maken van een trainingsplatform om te begrijpen hoe de markt functioneert en te herkennen wanneer een swing plaatsvindt. Training platforms bespreken vaak swing trading en hoe indicatoren te gebruiken om te bepalen wanneer een swing zal of heeft plaatsgevonden.

Zodra u hebt vastgesteld wanneer een swing zal plaatsvinden, moet u kiezen aan welke kant u wilt staan. Er zijn mogelijkheden om te kopen en te verkopen tijdens, voor en na een swing trade. Voor optimale resultaten is het essentieel te begrijpen wanneer te handelen tijdens een swing.

Forex swing trading is misschien gewoon een van de tactieken die door deskundige handelaren en typische beleggers worden toegepast, maar het is een van de meest populaire vanwege de sensatie die ermee gepaard gaat. Het is raadzaam deze strategie te reserveren voor wanneer u meer ervaren bent in forex trading en schommelingen hebt meegemaakt.

Dit zal uw succes in forex swing trading vergroten en uw vermogen om de beste bewegingen tijdens een swing te voorspellen verbeteren. Wanneer u dit eenmaal onder de knie heeft, zult u tot de top van forex traders behoren en in staat zijn om te profiteren van marktschommelingen in plaats van geld te verliezen.

10. Groene training.

Het gebruik van hernieuwbare energie en het lokaliseren van eco-banen zal veel perspectieven bieden voor nieuwe groene beroepen.

Bedrijven die overstappen op groene energie hebben een enorme invloed op het groeipotentieel van groene banen. Ze zijn allemaal op zoek naar iemand met expertise in de sector, zodat ze die in hun bedrijven kunnen implementeren.

Hoe kan groene opleiding worden gebruikt?

Om groene energie in een bedrijf op te nemen, moet het bedrijf beschikken over gekwalificeerd personeel op dit gebied. Vanwege de nieuwigheid van de sector zullen veel organisaties zich moeten laten omscholen of nieuwe werknemers moeten aannemen om de groene werkgelegenheid in te vullen. De hele groene economie heeft meer opgeleide mensen nodig om te helpen en zich aan te passen.

Universiteiten en hogescholen zijn begonnen met het aanbieden van cursussen over milieukwesties. De overheid verstrekt subsidies om mensen op te leiden voor nieuwe ecobanen, en bedrijven gebruiken subsidiegelden om zoveel mogelijk mensen op te leiden voor de groene markt.

Mensen die een groene opleiding willen volgen, kunnen zich aanvankelijk overweldigd voelen omdat ze niet kunnen kiezen welke van de enorme mogelijkheden van de groene economie ze willen benutten.

Hier zijn enkele eerste stappen:

Zelfstudie - Besteed, voordat u geld uitgeeft, enige tijd aan het lezen en begrijpen van de groene economie. Artikelen en online e-boeken zullen uw vooruitgang versnellen.

Uw capaciteiten - Zorg ervoor dat u weet wat u wilt. Als u geniet van uw baan, kunt u groene eco-gerelateerde functies verkennen of leren hoe u snel "groener" kunt worden.

Groene opleiding - Een goede opleiding is het uitgangspunt als u wilt deelnemen aan de transformatie. De werkgelegenheidssector van de groene economie breidt zich snel uit en begint nieuwe banen te genereren.

Groen omvat elke bedrijfstak; bijna elke vroegere baan kan worden omgezet in een groene. De groene economie creëert nieuwe banen in de verwerkende industrie en ondersteunt tegelijkertijd alle andere werkgelegenheidssectoren.

Denk aan zonne-energie, windenergie, energiebesparing en groen bouwen als groene opleidingen.

Vanuit een historisch perspectief zullen de komende jaren worden herinnerd als de jaren die de toekomst van de groene economie en eco-banen hebben vormgegeven.

11. Outsourcing.

De mogelijkheid om de winst te verhogen is een van de kansen die ondernemers zoeken. Je kunt verschillende tactieken toepassen als je een bedrijf hebt en je inkomsten wilt verhogen.

Tegenwoordig maken multinationals en onlinebedrijven gebruik van outsourcing om hun inkomsten te maximaliseren. Als gevolg van de vele voordelen die kunnen bijdragen aan de groei van de inkomsten van een onderneming, wint de outsourcing aan populariteit als methode om gekwalificeerde werknemers te vinden.

Op vele manieren kan de outsourcing u helpen dit doel te bereiken. Outsourcing kan uw organisatie ten goede komen door uw salaris- en loonkosten te verlagen. Wanneer u uw salaris- en loonkosten kunt verlagen, kunt u een kans genereren om uw winst te verbeteren.

Omdat uitbesteed personeel lagere salarissen heeft dan gewone werknemers, kunt u uw salarissen en loonkosten verminderen door uit te besteden. Dit is haalbaar vanwege het verschil in kosten van levensonderhoud tussen het bedrijf en de uitbestede werknemer.

Wanneer u een uitbestede werknemer in dienst neemt, hoeft u zich zelfs geen zorgen te maken over extraatjes en bonussen. Gewone werknemers zullen voordelen willen zoals een medische en tandheelkundige verzekering, naast incentives van 13 en 14 maanden. U hoeft zich geen zorgen meer te maken over dergelijke omstandigheden wanneer u een uitbestede werknemer inhuurt.

Een andere manier waarop outsourcing de winst kan verbeteren is door de productiekosten te verlagen. Wanneer u gewone werknemers in dienst neemt, verbruiken zij water en elektriciteit. Een ingehuurde werknemer zal niet bijdragen aan de stijging van uw nutsvoorzieningen.

Dit zal de maandelijkse gebruikskosten van uw bedrijf verhogen. Een uitbestede werknemer daarentegen is verantwoordelijk voor zijn nutsvoorzieningen. Zij zijn verantwoordelijk voor de aankoop en betaling van hun computer en internetverbinding.

Door de productie te maximaliseren, kan outsourcing ook een kans zijn om de winst te verhogen. Soms is uw team niet in staat om aan de behoeften van uw klanten te voldoen. Dit verhindert u om uw omzetmogelijkheden uit te breiden en te vergroten. U kunt outsourcing gebruiken om de meest gekwalificeerde kandidaten te vinden die aan de behoeften van uw klanten kunnen voldoen.

Door outsourcing wordt de hele wereld uw arbeidsaanbod. U bent niet beperkt tot het lokale personeelsbestand. Outsourcing kan u vele andere mogelijkheden bieden om uw inkomen te verhogen. Bezoek de websites met deze informatie voor meer informatie.

Beperk je niet tot te dure lokale arbeidskrachten; door uit te besteden via een gerenommeerd platform zijn veel geschoolde en briljante buitenlandse arbeidskrachten bereid om zich bij jouw zakenimperium aan te sluiten.

Als u weet waar u deze personen online kunt vinden, kunt u ten minste 50 procent besparen in vergelijking met traditionele lokale inhuur. Deze kostenbesparingen kunnen meer dan voldoende zijn om u te helpen uw bedrijf uit te breiden.

12. Gesponsorde blogberichten schrijven.

Als je hebt geblogd, doe je dat omdat je enthousiast bent over wat je in je blogs schrijft. Je wilt je informatie delen met de wereld. Je wilt er geld mee verdienen.

AdSense is het populairste advertentieplatform onder bloggers en uitgevers van websites, omdat het inhoudelijk relevante advertenties levert aan een blog of website. Mensen verdienen hier veel geld mee. Sommige mensen verdienen zes cijfers met AdSense; dit is echter sterk afhankelijk van de populariteit van uw blog en het vermogen om verkeer van zoekmachines aan te trekken.

Naast AdSense zijn er nog een paar andere mogelijkheden om geld te verdienen met uw blog, zoals affiliate programma's, die royale vergoedingen betalen op de verkopen en leads die u via uw website genereert voor adverteerders. Als u dus niet aangesloten bent bij een website, mist u een enorme mogelijkheid om geld te verdienen.

Gesponsord schrijven wordt inderdaad steeds populairder onder bloggers. "Gesponsord schrijven" heeft het afgelopen jaar aan populariteit gewonnen en is een favoriet geworden onder de meeste bloggers. Dit staat ook bekend als "Betaald bloggen"; wat is betaald bloggen?

Sommige websites verbinden adverteerders en bloggers, meestal aangeduid als "sites voor betaald bloggen". Deze websites bevatten veel marketeers die iemand zoeken om tegen betaling over hun diensten, producten of websites te schrijven.

Daarom schrijven bloggers evaluaties over hen, en als de betaalde bloggingsite uw stuk goedkeurt, wordt u gecompenseerd en moet u de recensie op uw blog publiceren.

Dit wordt steeds populairder omdat deze evaluaties er niet uitzien als advertenties, en de auteurs er veel geld voor krijgen. Sommige sites betalen 100 dollar voor een bericht van slechts 400 woorden. De tweede reden is dat uw bezoekers informatie krijgen over nieuwe artikelen en diensten.

Sommige sites staan je toe zo kritisch mogelijk te zijn over de producten van de adverteerder, terwijl weinig sites je beperken tot het schrijven van alleen maar goede dingen over de adverteerder.

Het bedrag dat u betaald krijgt hangt af van variabelen zoals de Page Rank en het verkeer van uw blog. Maximaliseer daarom uw inkomsten met gesponsord schrijven en sluit u aan bij zoveel mogelijk Betaald Bloggen sites om uw blog aan zoveel mogelijk adverteerders bloot te stellen.

13. Online Coachingsprogramma.

Er zijn zoveel dingen die mensen tegenwoordig moeten studeren om succesvol te zijn in het leven. Om hun bedrijf te verbeteren, moeten ze misschien de vaardigheid van online marketing onder de knie krijgen, of ze willen zich inschrijven voor cursussen over persoonlijkheidsontwikkeling. De meeste van deze individuen hebben geen tijd om traditionele colleges te volgen, dus schrijven ze zich in voor online coaching programma's om de nodige kennis op te doen.

Als marketeer kunt u het zich niet veroorloven deze kans te missen. U moet niet alleen onderzoeken of u online coachingprogramma's kunt aanbieden om uw online inkomsten te verhogen, maar u moet ook overwegen uw kosten te verhogen om uw inkomsten te verhogen. Hier leest u hoe u dat kunt bereiken:

Vestig je autoriteit online. Als niemand u kent of vertrouwt, is het onmogelijk om een fatsoenlijke transactie te doen, laat staan uw prijzen te verhogen. Daarom moeten online bezoekers u zien als een autoriteit in uw gekozen branche.

Deel een deel van uw expertise met deze mensen door middel van efficiënte internet technieken (bloggen, forum posten, Webinars, artikel marketing, en ezine publiceren).

Zorg ervoor dat u potentiële klanten kunt helpen bij het oplossen van hun dringende problemen of hen in staat kunt stellen zelfstandig te presteren. Dit is de enige manier om uw waarde aan te tonen en hun vertrouwen te winnen.

Bekijk de concurrentie. U kunt uw diensten vergelijken met die van uw rivalen. Heeft u andere voordelen? Zijn uw artikelen nuttiger? Als u denkt dat uw artikelen aanzienlijk beter zijn dan die van uw concurrenten, kunt u uw prijs met maximaal 100 procent verhogen. U hoeft zich geen zorgen te maken over het verlies van klanten als u hen ervan kunt overtuigen dat uw producten waardevoller zijn dan gelijkwaardige producten die online worden verkocht.

Begrijp uw doelgroep. U kunt uw prijzen niet verhogen als uw doelgroep nauwelijks rondkomt. Voordat u uw prijzen verhoogt en voorspelt hoeveel uw prijzen zullen stijgen, moet u de koopkracht van uw klanten grondig begrijpen. Bepaal hoeveel geld uw doelgroep verdient en hoe zij zouden reageren als u de prijs van uw online coachingspakketten zou verhogen door middel van onderzoek.

14. Online marketing.

Wist u dat de marketing van internetbedrijven uw cashflowproblemen kan elimineren? De marketing van uw product of dienst of de marketing van een product of dienst voor anderen kan u voorzien van het extra geld dat u in noodgevallen nodig hebt. Het is waar dat tienduizenden mensen dit elke dag doen en erin uitblinken.

Naast het promoten van een product of dienst via een website is online geld verdienen voordelig omdat je ook mensen kunt bereiken via draadloze media en e-mail. Dit kan de ideale tweede baan voor u zijn als u kennis hebt van het ontwerpen van websites en houdt van verkoop en marketing. Sommige mensen zijn zo succesvol in hun internetactiviteiten dat ze geen traditionele baan nodig hebben.

Zelfs als u geen echte expert bent op deze gebieden, kunt u de instrumenten en de middelen krijgen die u nodig hebt om op snelheid te komen als u echt geïnteresseerd bent in online geld verdienen door een opleiding te volgen. Als u de tijd neemt om uitgebreid onderzoek te doen, kunnen veel gratis, gebruiksvriendelijke hulpmiddelen en diensten u helpen bij uw doel van financiële zekerheid.

U moet vertrouwd raken met de vele soorten reclame die worden gebruikt om bezoekers naar een website te trekken. Dit kan in de vorm van display advertising met behulp van banners of advertenties op een website om een product of dienst vergelijkbaar met degene die je marketing te bevorderen. Het is een strategie die veel wordt gebruikt om de consument bewust te maken van uw goederen, en advertentie plaatsing kan een vergoeding.

Affiliates zijn een andere methode voor marketing internet artikelen en diensten. Deze reclame compenseert een affiliate voor elke bezoeker die ze naar de website van een ander bedrijf brengen. Veel bedrijven betalen een vergoeding voor elke consument die hun website bezoekt en betalen vaak meer voor degenen die een aankoop te voltooien.

Het gebruik van sociale media is een veel voorkomende techniek van internet marketing vandaag. Met behulp van een sociale media groep voor reclame op een website of via andere kanalen verhoogt het aantal klikken die anders niet zou optreden. Sociale netwerkgroepen hebben natuurlijk een aanzienlijke hoeveelheid organisch verkeer.

Videomarketing is zeer effectief voor het genereren van websitebezoekers. Dit houdt in het ontwikkelen en arrangeren van films om de kijker te intrigeren en aan te moedigen de website te bezoeken en een aankoop te doen.

Als dit u aantrekkelijk lijkt, onderzoek dan wat voor product of dienst u zou willen aanbieden of helpen adverteren voor anderen. Het is onredelijk om te verwachten dat je van de ene op de andere dag rijk wordt, maar met de juiste niche en training is online marketing een geweldige manier om te beginnen!

HOOFDSTUK 5: HOE JE $5.000 PER UUR KUNT VERDIENEN EN JE CASHFLOW KUNT VERGROTEN.

Cashflow is het essentiële levensbloed van uw zakelijke en persoonlijke financiën en bepaalt of uw bedrijf of bankrekening zal overleven of vergaan. Bedrijven en personen met een overvloedige, gemakkelijk beschikbare cashflow hebben meer kans van slagen in moeilijke en gunstige economische omstandigheden.

Wil een thuisbedrijf succesvol zijn, dan moet naast marketing het genereren van een gestage stroom van inkomsten een topdoel zijn. In werkelijkheid is de cashflow de enige factor die alle andere bedrijfsactiviteiten dicteert. Het laat u toe te ademen, en de afwezigheid ervan zal uw bedrijf of bankrekening verstikken.

Cashflow stelt u in staat redelijke beslissingen te nemen op basis van intuïtieve bedrijfsprincipes in plaats van beslissingen op basis van uw financiële angst. Het helpt u een goed krediet op te bouwen bij kredietverstrekkers en leveranciers en stelt u in staat marketing en reclame voor uw bedrijf te blijven kopen.

Reclame en de middelen die nodig zijn om uw bedrijf voortdurend in de markt te zetten en de verkoop te stimuleren. Een overvloedige cashflow houdt in dat uw rekeningen op tijd betaald zullen blijven worden, dat de lonen betaald zullen worden als u iemand anders dan uzelf in dienst neemt, en dat uw stressniveau zal dalen als een direct gevolg van de successen van uw bedrijf.

Het verhogen van uw cashflow elke dag dat u een thuisbedrijf of een ander bedrijf runt, is essentieel voor het bereiken van de consistente resultaten die nodig zijn om te overleven in het bedrijfsleven en te gedijen. Hoe kunt u daarom zorgen voor een continue cashflow en een consistente groei van de cashflow in de tijd?

Neem deel aan een bedrijf met een optimaal compensatieplan dat bij elke verkoop een aanzienlijke cashflow genereert. Dit lijkt gemakkelijker gezegd dan gedaan, toch? Onjuist. Vaker wel dan niet beginnen eigenaars van een thuisbedrijf net aan een bedrijf dat belooft goed te betalen.

Echter, het volume dat nodig is om het geadverteerde rendement te creëren is vaak groter dan de meeste mensen kunnen produceren. Maar al te vaak stappen mensen in een bedrijf dat vereist dat zij enorme hoeveelheden producten verplaatsen of een overvloed aan diensten leveren om een aanzienlijk financieel rendement te behalen.

Een product of dienst verkopen of promoten dat de consument $20, $30 of $40 of meer kost, zal niet dezelfde commissies of winst opleveren als een product of dienst verkopen of promoten dat de consument $1.000, $5.000 of $10.000 of meer kost.

Het argument zal altijd zijn dat deze hoger geprijsde dingen niet zo vaak zullen verkopen. Ik ben het daar niet mee eens; als het product het leven van de consument verbetert en waarde toevoegt, kan het op de markt worden gebracht en verkocht, waardoor de cashflow toeneemt.

Zoek een product of dienst waarvoor je geen duizenden klanten nodig hebt om winstgevend te zijn en waarvoor je niet elke dag lange uren hoeft te maken. Als restaurantmanager moest ik het restaurant minstens 16 uur per dag openhouden, zeven dagen per week, 52 weken per jaar, en klanten bedienen die 10 tot 20 dollar per persoon uitgaven om duizenden dollars aan wekelijkse inkomsten te verdienen.

Ik nam honderden werknemers aan voor de restaurants en had deze enorme structuren nodig om zaken te doen, een bedrijf met enorme overheadkosten. Jaar na jaar was dit uitputtend.

Het verkopen van een product of dienst waarvoor niet veel consumenten nodig zijn om tienduizenden dollars aan omzet te produceren is tegenwoordig zinvoller. Het hogere rendement van marketing en reclame vermindert de overheadkosten en elimineert de behoefte aan werknemers, waardoor de cashflow toeneemt en uw bedrijf kan uitbreiden.

Implementeer geautomatiseerde systemen. Met de technologie van vandaag hebt u toegang tot systemen die, eenmaal ingesteld, uw bedrijf praktisch 24 uur per dag, 7 dagen per week en 365 dagen per jaar runnen, zelfs terwijl u slaapt, uw potentiële klanten opvolgen en meerdere transacties uitvoeren zonder dat u op de kassa hoeft te letten.

Door toegang te krijgen tot deze systemen en uw product en dienst te integreren, kan uw bedrijf blijven werken terwijl u op vakantie bent of een vrije dag neemt. U hoeft niet fysiek aanwezig te zijn om elke verkoop met uw klanten af te sluiten.

De meeste mensen die vanuit huis werken hebben alleen internettoegang nodig, een computer, marketing, reclamemateriaal en een automatisch antwoordsysteem, waarna ze het systeem zijn werk kunnen laten doen. Voila, als de verkoop toeneemt, neemt de cashflow toe!

Zorg ervoor dat je eerst betaald wordt. Ik heb het gezegd. Dit is essentieel voor de financiële stroom. Zonder vergoeding voor wat je verkoopt, is het runnen van een bedrijf zinloos, omdat er geen cashflow zou zijn.

Met de technologie van vandaag kunt u betalingssystemen zoals PayPal, Alertpay, MoneyPak, en krediet/debetkaarttransacties rechtstreeks op een website integreren en bijna onmiddellijk betaald worden voor producten en diensten zonder te moeten wachten op een cheque van een moedermaatschappij of op geld dat vanuit het thuiskantoor naar beneden sijpelt.

Directe betaling voor goederen en diensten is de norm geworden in het digitale tijdperk. U hoeft niet te wachten op betaling. Dit verbetert uw liquiditeit. Door joint venture relaties aan te gaan met bedrijven die met u verenigbaar zijn en snelle betaling mogelijk te maken, verhoogt u uw inkomsten en verlaagt u uw uitgaven. Dat is een win-win situatie.

Door vanuit huis te werken of een bedrijf aan huis op te zetten, zult u een daling van de bedrijfskosten en overheadkosten ervaren en efficiënter kunnen werken dan de meeste grote organisaties. Er is geen structuur of kantoor nodig.

U hoeft geen huur of een huurcontract te betalen, u hoeft geen exorbitante verzekeringspremies te betalen, en door uw verzekeringspolissen, telefoonplannen en gezondheidszorgplannen te controleren, vooral als u dat in het recente verleden niet hebt gedaan, zult u extra besparingen vinden die uw cashflow zullen helpen verhogen.

Het vinden van meer kosteneffectieve manieren om uw bedrijf te runnen zal hier en daar vet wegsnijden. Het kan uw cashflow en winstdollars aanzienlijk verbeteren, waardoor het beschikbare kapitaal van uw bedrijf toeneemt.

Bied digitale goederen en diensten aan. In het technologie-/informatietijdperk is een digitaal product gemakkelijk en snel te distribueren en kunt u onmiddellijk winst maken. Het elimineren van het adagium van het aanleggen van voorraden hardware, productbenodigdheden en inventaris die op schappen liggen te wachten op verkoop of worden gebruikt om iets te creëren of te bouwen dat belangrijke financiële reserves vastzet, zal de cashflow aanzienlijk beïnvloeden.

De verkoop van een digitaal product of dienst is één manier om snel geld te genereren. Het elimineert de behoefte aan fysieke inventaris die niet verkoopt tenzij u het behandelt, verpakt en verplaatst naar een andere locatie tegen kosten voor de kasstroom. Ook maakt het kostbare liquide middelen vrij voor alternatieve doeleinden.

Volg de 80/20 regel. De 80/20 regel suggereert dat slechts 20% van uw prospects en klanten goed is voor 80% van uw winst. (of, in het geval van een op diensten gebaseerde organisatie, inspanningen). De 20% van uw consumentenbasis die koopt wat u verkoopt zal dienen als een focusgroep voor toekomstige artikelen en diensten.

Waarom zou u een bedrijf of kans thuis beginnen waarvoor u duizenden prospects moet vinden die van u willen kopen om hetzelfde niveau van cashflow te verdienen als u slechts een paar klanten nodig hebt om een aanzienlijk inkomen en cashflow te genereren?

Bepaal welke van uw activiteiten of artikelen het meest winstgevend en productief zijn, en concentreer al uw marketing- en reclame-inspanningen daarop. Door dit te doen, zult u niet merken dat uw verkoop na verloop van tijd omhoog blijft schieten, wat leidt tot dat ongrijpbare uurloon van $ 5.000!

HOOFDSTUK 6: NEGATIEVE CASHFLOW OMZETTEN IN POSITIEVE CASHFLOW.

Hier volgen enkele suggesties om uw kosten te beheersen en uw financiële doelen te bereiken:

Bekijk de top 10 van maandelijkse uitgaven in uw budget; er zijn bijna altijd ten minste één of twee posten waar u zonder zou kunnen, zodat u aan het eind van elke maand meer geld overhoudt.

Dit is het moment om uw slechte gedrag te elimineren.

Als u rookt, zal dit de moeilijkste gewoonte zijn om te doorbreken. Roken via de eerste en tweede hand is schadelijk voor de roker en zijn omgeving. Om nog maar te zwijgen van de stijgende tabaksbelasting.

Maak een budget en houd u eraan. Met een budget kunt u uw maandelijkse inkomsten en uitgaven evalueren en beslissen wat noodzakelijk is en wat niet.

Leef binnen uw financiële mogelijkheden. Als u elke dollar die u aan het eind van de maand verdient, uitgeeft, hebt u geen investeringskapitaal. Dit is gezond verstand.

Houd een budget bij en organiseer uw financiën. Wees zuinig. Koop alleen wat betaalbaar en noodzakelijk is. Kleed u niet om indruk te maken op uw tegenstanders.

Verhoog het eigen risico van uw huis, auto en andere verzekeringen om uw prijzen te verlagen.

Als u een hypotheekverzekering betaalt, betaal dan zo snel mogelijk uw hypotheek af. De hypotheekverstrekker wordt beschermd door de verzekering, niet u of uw gezin.

Los uw slechte schulden af.

Gebruik deze methoden om uw inkomsten te verhogen.

Dingen die u niet meer nodig heeft. Verkoop alle ongebruikte spullen die je thuis hebt liggen. Gebruik Craigslist of houd een garageverkoop om de spullen te verkopen.

Verhuur uw logeerkamer. Op websites als Airbnb verhuren miljoenen huiseigenaren nu kamers of verdiepingen van hun huidige woningen voor korte periodes.

Verhuur uw auto. Op sites als Uber en Turo kunt u de andere stoelen in uw auto verhuren - of het hele voertuig als u het aandurft!

Benut je talenten en tijd. Heb je nog tijd over na de verkoop van je bezittingen? Gebruik uw professionele vaardigheden of persoonlijke interesses om extra inkomen te genereren tijdens uw vrije tijd, nachten en weekends. Als je graag handgemaakte producten maakt, kun je die verkopen op Etsy.

Het fruit van uw boom kan worden verkocht op de plaatselijke boerenmarkt. Veel huizen in Hawaï hebben fruitbomen in hun tuin. Heb je een bijzonder populair recept? Verkoop dit op boerenmarkten in de buurt.

U kunt ook extra geld verdienen door te koken, schoon te maken, op kinderen te passen of honden uit te laten. De mogelijkheden zijn onbeperkt. U kunt uw diensten adverteren op websites zoals TaskRabbit. Je kunt je ook aanmelden bij Amazon's Mechanical Turks, waar je tegen betaling kleine taken kunt uitvoeren.

HOOFDSTUK 7: RESOLUTIES OM UW CASHFLOW ONMIDDELLIJK TE VERBETEREN.

Uw cashflow verbeteren en uw schuld verminderen zijn essentiële doelstellingen voor iedereen, en ik wil u helpen deze doelstellingen te bereiken in negen eenvoudige stappen.

1. Plan Vooruit:

Omdat ik in de levensmiddelenindustrie heb gewerkt en verkoopstatistieken heb geanalyseerd, weet ik dat de prijzen van gemakswinkels 20% tot 30% hoger liggen dan die van kruidenierswinkels. Wat heeft dit te maken met het verbeteren van de cashflow?

Als u uw boodschappen van tevoren plant, kunt u nog eens 20 tot 30 procent besparen. Hetzelfde geldt voor bijna alles, inclusief tijdschriftabonnementen, huishoudelijke artikelen en andere veelgebruikte artikelen.

2. Uw woningkrediet herfinancieren:

Wanneer u uw woninghypotheek herfinanciert, kunt u uw bestaande hypotheek vervangen door een nieuwe eerste hypotheek. Als u een lagere rente kunt vastzetten dan u nu hebt, kan de besparing aanzienlijk zijn.

Hoe groot?

Als u een hypotheek van $ 150.000 met een vaste rente van 30 jaar tegen 8,5 procent omzet in een lening van $ 150.000 met een looptijd van 30 jaar tegen 7 procent, zal uw maandelijkse hypotheekbetaling met $ 155 dalen. U bespaart meer dan $ 40.000 aan rentebetalingen in bijna de loop van de lening. U hebt zojuist uw maandelijkse cashflow verhoogd en meer dan $ 40.000 bespaard. Dat is een verstandige benadering van financiën!

3. Gebruik uw eigen vermogen om andere schulden te verminderen:

Als u een aanzienlijke hoeveelheid eigen vermogen hebt en een berg creditcardschulden, is het het meest zinvol om een eigenwoninglening af te sluiten en uw creditcards af te betalen.

U zult de afsluitkosten en andere kosten vooraf moeten betalen, maar de besparingen door lagere maandelijkse betalingen kunnen uw maandelijkse cashflow aanzienlijk beïnvloeden.

Het is een eenvoudige procedure; voer gewoon een cash-out herfinanciering uit. Dit houdt in dat u een nieuwe eerste hypotheek krijgt met een groter saldo dan uw huidige hypotheek. Het verschil is dat de hoeveelheid geld die u uit de woning "haalde", in uw zak stopte en, idealiter, toepaste op uw andere rekeningen.

In plaats van het krijgen van een nieuwe hypotheek, kunt u kiezen voor een home equity lening. De tarieven zijn doorgaans goedkoper dan de reguliere hypotheekrente, en er kunnen geen of minimale kosten verbonden zijn aan het verkrijgen van de lening.

Er is echter één uitzondering: participatietarieven zijn vaak variabel, dus ze kunnen stijgen als de Federal Reserve besluit de prime rate te verhogen (en een heleboel andere factoren). Een participatielening kan de voorkeur verdienen boven een normale eerste hypotheek als u geen grote hoeveelheid geld nodig hebt en van plan bent de lening binnen drie tot vijf jaar terug te betalen.

4. Kijk rond voor een minder dure verzekering:

Wanneer was de laatste keer dat u rondzocht voor een verzekeringspolis? Als u kocht een huis verzekering twintig jaar geleden of een auto verzekering vele jaren geleden, kunt u wensen om de huidige prijzen te vergelijken.

Mogelijk bent u nu in aanmerking voor een voorkeurstarief, of je zou kunnen minimaliseren de hoeveelheid van de dekking die u nodig hebt. Het idee is om de juiste verzekeringsdekking te krijgen zonder meer te betalen dan nodig is.

5. Uw uitgaven beperken:

Je overweegt momenteel iets onaangenaams, maar je maakt je geen zorgen. Hoe zit het met het verhogen van mijn inkomsten in plaats van het verlagen van mijn uitgaven? Uw uitgaven verlagen is veel eenvoudiger (en sneller) dan uw inkomsten verhogen. U kunt duizenden kleine acties ondernemen om uw wekelijkse en maandelijkse kosten te verlagen.

Sommige besparingsmaatregelen zijn eenvoudiger te nemen dan andere, maar als ze eenmaal zijn uitgevoerd, hoef je er niet meer over na te denken. Ik heb een essay geschreven met de titel "Living Below Your Means", waarin verschillende kostenbesparende strategieën worden beschreven, maar hier zijn de belangrijkste:

Eenvoudige methoden om de uitgaven te verminderen.

Rook niet, verminder uw alcoholgebruik, zeg uw ongebruikte tijdschriftabonnementen op, weiger geldautomaten te gebruiken die kosten in rekening brengen, koop zoveel mogelijk in bulk, sla elke dag de mokka lattes met dubbele kop over, neem uw lunch mee naar het werk en zeg uw lidmaatschap van de sportschool op als u er geen gebruik van maakt. Dit zijn maar een paar ideeën.

Het doel is te bepalen waar uw geld naartoe gaat en strategieën te overwegen om uw uitgaven te beperken.

6. Minder vaak uit eten gaan:

Dit had gemakkelijk kunnen worden opgenomen in de bovenstaande categorie van uitgavenvermindering, maar het verdient zijn eigen "cijfer". We geven veel meer uit aan eten en drinken dan we beseffen. Je moet leren koken, restjes gebruiken en minder vaak uit eten gaan. Dit laatste kan een aanzienlijke geldbesparing opleveren.

Hier zijn enkele andere strategieën bij het uit eten gaan:

- Wijn moet niet besteld worden bij het avondeten. Drink water. Dit bespaarde me echt bijna 1000 dollar in één jaar. U leest het goed: ik drink nog maar twee glazen wijn bij het eten. De regel om minder vaak uit eten te gaan heb ik niet gevolgd omdat ik toen nog niet getrouwd was.

Ik raad u aan het dessert en de koffie over te slaan als u uit eten gaat en thuis te eten in plaats van 3,50 dollar te betalen voor een plak worteltaart als u in de supermarkt een hele taart voor minder kunt kopen. De koffie kost u een paar centen. Maar de cappuccino kost u 3 dollar.

- Uit eten gaan is vaak een sociale gelegenheid waarbij uw partner, familie en vrienden betrokken zijn. Het verdient extra werk. Als u gewend bent uit eten te gaan met vrienden, waarom eet u dan niet "uit" bij vrienden thuis in plaats van in een restaurant?

7. Controleer uw W2-formulier opnieuw:

Rond maart of april van elk jaar hoort u of u een belastingteruggave krijgt. Als u jaarlijks een flinke belastingteruggave van Uncle Sam ontvangt, kan dat zijn omdat u hem te veel betaalt. Dat gevoel had u ongetwijfeld al eerder na het bekijken van uw loonstrookje, maar ik heb het over te veel belasting betalen.

Door uw toegestane aftrekposten te verhogen, gaat er elke loonstrook meer geld naar u en niet naar Uncle Sam. Controleer met uw accountant of u het juiste aantal aftrekposten claimt. Zo niet, neem dan onmiddellijk contact op met uw uitkeringsafdeling om uw W2-formulier te corrigeren.

8. Vul uw noodfonds aan:

Oké, deze truc zal uw cashflow niet onmiddellijk verhogen, maar het zal u in de loop van de tijd vele dollars aan rente besparen. De sleutel tot het beheersen van uw financiën is alles te plannen, maar we weten allemaal dat onverwachte uitgaven zelfs de meest zorgvuldig opgestelde budgetten kunnen doen ontsporen.

Als u betrokken raakt bij een auto-ongeluk of een oude verwarmingsketel moet repareren, kunt u voor kosten komen te staan die niet volledig door de verzekering worden gedekt. Als u niet over een noodfonds beschikt, zullen deze uitgaven waarschijnlijk op uw creditcard in rekening worden gebracht, wat aanzienlijke rentekosten met zich mee kan brengen.

Begin onmiddellijk geld te sparen voor een noodfonds en gebruik het fonds alleen voor actuele situaties.

9. Stop met kopen op krediet:

De grootste is bewaard voor het laatst. Ook dit is er een die uw cashflow niet onmiddellijk zal verbeteren, maar het elimineren van de gewoonte om alles met een creditcard te kopen is essentieel voor het bereiken van financiële onafhankelijkheid. Als cultuur worden we overspoeld met schulden. We kopen graag op krediet, en de uitdrukking "Lage aanbetaling, gemakkelijke maandelijkse betalingen" is als een verslavend verdovend middel.

Hoewel de drang om op krediet te kopen aanlokkelijk is, is het financiële zelfmoord om alles op krediet te kopen. U moet de gewoonte ontwikkelen om uw creditcards maandelijks af te betalen. Als u een kaart gebruikt voor een belangrijke aankoop zoals een vakantie of een nieuwe computer, besluit dan deze in maximaal drie maanden af te betalen.

Als u dat niet kunt, moet u beginnen geld opzij te zetten voor verwachte grote uitgaven. Dit vereist een planning voor alle grote uitgaven.

Stel dat u nog steeds moeite hebt om nieuwe kosten elke maand volledig te betalen. In dat geval is de beste aanbeveling die ik u kan geven om een betaalpas te gaan gebruiken die automatisch geld opneemt van uw betaal- of spaarrekening.

Je kunt het ding dus niet mee naar huis nemen als je het geld niet hebt. Leren hoe je bevrediging kunt uitstellen zal in het begin moeilijk zijn, maar het leidt tot beloningen op lange termijn, zoals financiële onafhankelijkheid. Het is uitsluitend uw beslissing of u uw financiën onder controle neemt of ze u laat overheersen.

Daarom zijn er negen technieken om uw maandelijkse cashflow te stimuleren. Er zijn nog veel meer manieren om je inkomstenstroom te vergroten, maar deze helpen je op weg.

HOOFDSTUK 8: HET VERMIJDEN VAN VEELGEMAAKTE FOUTEN BIJ HET BEHEER VAN DE KASSTROOM.

Het werken met kleine bedrijven in de afgelopen twee decennia heeft fascinerende ervaringen opgeleverd. Fouten van bedrijfseigenaren op het gebied van cashflowbeheer zijn een van de meest typische gebeurtenissen.

Je zou kunnen denken dat alleen onervaren ondernemers bijna-doodervaringen hebben met hun bedrijf. Toch heb ik te maken gehad met een aantal zeer intelligente en doorgewinterde ondernemers die dezelfde fouten hebben gemaakt.

Veel van de fouten die we maken met onze financiële stromen in ons persoonlijke en professionele leven hebben meer te maken met hoe we ons voelen over geld dan met hoe we denken over geld.

Deins niet terug; lees verder! Je zult beginnen te glimlachen en te knikken, want ik weet zeker dat je al minstens één van deze fouten hebt gemaakt, ongeacht hoe logisch en comfortabel je denkt te zijn met geld.

1. Impulsieve uitgaven.

Er bestaan allerlei soorten impulsieve uitgaven. Dat netwerkevenement dat je ondersteunt, de beurstafel die je op het laatste moment hebt gepakt, of de kantoor-pc die je net hebt gekocht. Deze drie goederen lijken noodzakelijke aankopen in de normale gang van zaken, toch?

In het algemeen wel, maar laten we de computeraankoop eens onder de loep nemen. U vraagt zich af hoe een computer een impulsaankoop kan zijn wanneer u hem nodig hebt om uw bedrijf te runnen; de vorige is net kapot gegaan. Voor alle bedrijfskritische apparatuur in uw bedrijf moet een vervangingsbudget en -strategie bestaan. Inderdaad, deze zin is waarom het een impulsaankoop is.

2. Uw rekeningen betalen op basis van uw banksaldo

Dit is mijn favoriete fout. Anis zeker de meest voorkomende bij bedrijven met cash flow problemen. Dit is ook direct gerelateerd aan impulsieve uitgaven. Meestal krijgt het wiel met het hardste geluid de inspectie.

U hebt iemand in uw kantoor of aan de telefoon die betaling eist, dus in plaats van een confrontatie te riskeren door te zeggen: "Nee, ik kan nu geen cheque uitschrijven, maar ik kan u donderdag een cheque bezorgen," bijvoorbeeld, logt u in op uw online bankieren om te controleren of u voldoende geld hebt en schrijft u de cheque uit.

U hebt de andere partij zojuist laten zien dat u persoonlijk bereid bent hun eisen voorrang te geven boven uw eigen eisen. Dit is erger dan de verkoper niet betalen op de vervaldag. Bedenk hoe schadelijk dit kan zijn voor uw relatie in het grote geheel der dingen.

3. Kredietverlening aan niet-kredietwaardige klanten.

Wanneer u besluit uw consumenten krediet te verlenen, leent u hen geld. Vraag uw klanten een kredietaanvraag in te dienen en daarbij handels- en bankreferenties op te nemen. Bel deze referenties om erachter te komen hoeveel krediet zij bij leveranciers hebben gehad.

Het is essentieel te weten hoeveel krediet zij van u willen verkrijgen en of zij eerder soortgelijke bedragen in goede staat hebben ontvangen. Als u een duur artikel verkoopt, moet u niet aarzelen om financiële overzichten op te vragen.

4. Uw vorderingen laten verouderen is de vierde fout.

U heeft uw klanten gecrediteerd en moet nu de openstaande facturen innen. U hebt veel excuses om het verschuldigde geld niet te innen. U hebt het druk, wilt niet tot last zijn en de volgende grote deal van uw klant niet in gevaar brengen. Al deze redenen of excuses zijn uitstekende manieren om uw financiën verkeerd te beheren.

Zorg ervoor dat u een betrouwbaar systeem hebt om u te helpen bij het innen van betalingen van uw consumenten en hen te helpen om bij u in de buurt te blijven. Het is net zo belangrijk om incasso's actueel te houden als om zaken op tijd te verzenden. Door uw consumenten toe te staan u herhaaldelijk te laat te betalen, leert u hen dat snelle betaling onbelangrijk is.

5. Uw leveranciers voortijdig betalen.

U wilt sterke banden opbouwen met uw verkopers, maar u moet hen alleen vroegtijdig betalen als u een korting krijgt. U moet de voor- en nadelen afwegen om te bepalen of de korting het waard is om eerder dan nodig geld uit te geven. Een constant kassaldo aanhouden en uw facturen op tijd betalen zal op lange termijn voordelen opleveren voor uw bedrijf, vooral naarmate het groeit.

6. Te grote voorraden en voorraden.

Wanneer goederen op de plank liggen en er geen geld meer beschikbaar is voor andere inspanningen, verliezen oplopende kortingen op bulkorders hun waarde. Met andere woorden, u denkt dat u uw eenheidskosten verlaagt en uw bruto-inkomsten verhoogt. U kunt echter niet zo snel handelen bij andere kansen omdat u geld heeft vastgelegd.

U moet bepalen of de kleine besparingen door de inkoop in bulk de tijd dat de voorraad op de plank staat waard zijn. Een voorraad bouwt geen rente op; hij wordt in de loop van de tijd afgeschreven.

7. Geen controle op de loonkosten.

Het is uiterst eenvoudig om de dagen te laten lengen en de lonen geleidelijk te laten stijgen. Onvoldoende planning en gebrek aan sturing dragen bij tot stijgende loonkosten. Hoe lang doet uw ploeg erover om te hergroeperen wanneer er een nieuwe brand uitbreekt?

Een klantcontact over een late bestelling waarbij iedereen zich inzet om de klant tevreden te stellen, is aanzienlijk duurder dan het opstellen en naleven van een werkschema. Criteria en een "vuistregel" voor de duur van een taak kunnen helpen om de loonkosten constant te houden.

CONCLUSIE.

Het is onvermijdelijk dat u op een bepaald moment in uw leven voor het dilemma komt te staan hoe u uw cashflow kunt stimuleren. Als u onmiddellijk geld nodig hebt, moet u bepaalde acties ondernemen om de doeltreffendheid van uw inspanningen te maximaliseren.

Vermijd als eerste regel het nemen van beslissingen uit wanhoop. Wanneer u overhaaste beslissingen neemt, kunt u uiteindelijk uw langetermijndoelstellingen opofferen voor kortetermijnbeloningen, om vervolgens in hetzelfde scenario terecht te komen dat u probeerde te vermijden.

Nu je je hebt gerealiseerd dat je snel geld moet genereren, heb je twee mogelijkheden. De eerste optie is om een laagbetaalde maar stabiele baan te accepteren, terwijl de tweede optie is om een internetsysteem te kopen dat binnen enkele dagen of uren rijkdom belooft.

De keuze die u maakt zal bepalen of u voor de rest van uw leven een rollende steen zult zijn, voortdurend op zoek naar deals, of dat u financiële onafhankelijkheid zult bereiken. De weg naar succes vereist geduld en het vermogen om moeilijke beslissingen te nemen en ermee te leven.

Voordat u zich aansluit bij de online bandwagon in de hoop rijk te worden, moet u uw kansen inschatten. 95% van de mensen die dit pad kiezen, maken nooit winst.

Naast de aankoop van het meest recente informatieproduct om geld te verdienen, moet u een goed doordacht plan hebben als u zich bij de top 5% wilt aansluiten. Als u in het verleden geldstroomartikelen hebt gekocht, weet u dat de draagtijd vaak lang is en dat de verkoper de enige is die ooit winst maakt.

Op dit punt in uw leven is het 9-tot-5-werk te verkiezen boven het online proberen. U moet gewoon aan het werk gaan en tijdig de nodige taken uitvoeren. Dat geeft u de nodige ademruimte om plannen te maken voor de toekomst. Zelden biedt een carrière financiële onafhankelijkheid, maar iemand die in de schulden zit, kan niet nadenken. Terwijl u nog werkt, moet u sparen om uw doelstellingen van financiële onafhankelijkheid levend te houden.

U kunt de online vijver betreden als de wolf niet meer voor de deur staat. Begin met het bestuderen van strategieën om de cashflow te verbeteren zonder meer kosten te maken. Zo verdien je ervaring die nuttig is wanneer je fulltime online werkt.

Afhankelijk van je vaardigheden, ervaringen en voorkeuren zijn er veel mogelijkheden toegankelijk. Zoek in eerste instantie iets leuks om te doen. Zodra uw cashflow verbetert, kunt u beginnen met het kopen van internetdingen.

Managementvaardigheden voor managers.

1. Tijdmanagement voor managers
2. Werknemerscoaching voor managers
3. Teambuilding voor managers
4. Zelfvertrouwen voor managers
5. Onderhandelingsvaardigheden voor managers
6. Customer Service Vaardigheden voor Managers
7. Assertiviteit voor managers
8. Zakelijke etiquette voor managers
9. Luistervaardigheden voor managers
10. Leiderschapsvaardigheden voor managers
11. Communicatievaardigheden voor managers
12. Presentatievaardigheden voor managers
13. Stressbeheersing voor managers
14. Besluitvorming voor managers
15. Conflictbeheersing voor managers.

Serie: Financiële vrijheid op elke leeftijd.

- Financiële vrijheid bereiken in de 20
- Financiële vrijheid bereiken in de 30
- Financiële Vrijheid bereiken in uw 40er jaren
- Het bereiken van financiële vrijheid in uw 50er jaren
- Het bereiken van financiële vrijheid in uw jaren 60
- Het bereiken van financiële vrijheid in uw 70er jaren en daarna.
- Het bereiken van financiële vrijheid bij kinderen
- Het bereiken van financiële vrijheid bij tieners
- Financiële Vrijheid bereiken bij studenten.
- Financiële zwendel om op te passen bij pensionering.

Serie: Persoonlijke financiën voor jou.
- Crypto kopen en verkopen voor beginners
- Waarom beleggen in dividendaandelen zinvol is.

Serie: Rijkdom 2022.

- Online ondernemen.
- Uw eigen bedrijf starten
- Vermogensbeheer
- Passief inkomen.
- 12 stappen om een eigen bedrijf te starten.

Serie: Uitstekende klantenservice.
- Uitstekende klantenservice in de detailhandel
- Uitstekende klantenservice in fastfood
- Uitstekende klantenservice in full-service restaurants
- Uitstekende klantenservice in het onderwijs
- Uitstekende klantenservice in onroerend goed.
- Uitstekende klantenservice in een callcenter
- Uitstekende klantenservice als receptionist
- Uitstekende klantenservice in een hotel
- Uitstekende klantenservice in de verkoop.
- Uitstekende klantenservice, ongeacht de situatie.
- Uitstekende klantenservice bij de tandarts

- Uitstekende klantenservice in een medisch kantoor.

Serie: Snel geld.

- Snel geld in een week
- Snel geld verdienen in een weekend
- Snel geld in een maand
- Snel geld voor studenten.

Serie: Hoe promoten.

- Hoe uw receptenboek promoten
- Hoe uw kinderboek promoten.

Andere boeken van D.K. Hawkins.

- Hoe uw bedrijf bloeit tijdens een recessie
- Meerwaarde creëren voor klanten
- Kansen herkennen om de cashflow te verhogen.

Auteur Bio

D.K. Hawkins. D.K. leest graag persoonlijke zakelijke boeken en brengt graag tijd buiten door. Meer boeken zullen komen in deze collectie, dus volg op Amazon voor meer boeken.

Bedankt voor uw aankoop van dit boek.

Ik stel het echt op prijs en waardeer u, mijn uitstekende klant.

God zegene U.

D.K. Hawkins.

www.ingramcontent.com/pod-product-compliance
Lightning Source LLC
Chambersburg PA
CBHW070240220526
45465CB00004B/1458